韓国・済州島と遊牧騎馬文化

モンゴルを抱く済州

金日宇／文素然 著
井上 治 監訳　石田 徹／木下順子 翻訳

明石書店

はじめに――日本の読者のために

金日宇《キムイルウ》（済州歴史文化ナヌム《分かち合い》研究所所長・理事長、博士）

済州は朝鮮半島と中国大陸や日本列島などをつなぐ中間的地点であり、遠く東南アジアにも開かれている海上に位置している。つまり、済州は好むと好まざるとにかかわらず、周辺地域との交流が盛んになってしまう地政学的位置にあると言える。歴史的にも、済州は周辺地域と多くの交流を持ち、それらの地域をつなぐ海路の要衝と目されてきた一方で、このために国際情勢が揺れ動く時には激しい変化を経験することもあった。また、済州文化も多様な経路の外来文化を包容し、土着化の過程を経て成立したものと言える。これらの中で最も具体的な例の一つが一三世紀後半から一〇〇年あまりの間、交流が続いた済州・モンゴル文化のケースである。この時は、モンゴルが世界征服事業を展開していた時だったので、済州には侵略者として入ってきたのであり、その後一〇〇余年間、済州経営を行っていた時期だった。これにより済州社会には大きな変化が生じ、今日の済州社会の母体を形成する土台になり、その痕跡は現在も済州社会に見いだすことが出来るのである。

本書『韓国・済州島と遊牧騎馬文化――モンゴルを抱く済州』も、七〇〇年あまり前の済州とモンゴルの最初の出会いと交流が醸し出した歴史像を、歴史学の研究方法論で追跡する一方で、その内容を一般の読者にもわかりやすく、興味を持って読めるように叙述したものである。本書は、二〇一〇年に済州で韓国語で刊行された『제주《済州》、몽골을《モンゴルに》 만나다《出会う》』の内容を修訂・補強した原稿を日本語に翻訳し、日本の読者の理解を助けるための「あとがき」を末尾に附したものである。

そもそも、『제주《済州》、몽골을《モンゴルに》 만나다《出会う》』は、筆者が財団法人済州文化芸術財団に在職中に責任研究員として企画した「済州・モンゴルの出会い文化紀行」という編纂事業の一環として構成作家文素然《ムンソヨン》氏と共同で著作、刊行したものである。本の内容と観点は、韓国史を専攻する筆者が二〇年あまり済州史を研究して積み重ねてきた一〇数編の著書・研究論文に基づいている。文体は一般の読者が、一三世紀後半以降、済州とモンゴルの出会いに始まった歴史の痕跡とその意味を探る上で役立つような形を取った。これは、この刊行物が持つ最大の特色であり、長所でもある。また韓国では新たな試みだったのかかなりの注目を集めた。そのため、『제주《済州》、몽골을《モンゴルに》 만나다《出会う》』の内容は、「제주의《済州の》 소리《声／音》」というインターネットサイトを通じて一八回、六カ月（二〇一一年一月二六日～七月二八日）にわたって掲載されたところである。

本書の刊行もこのインターネット上での情報発信が注目されたことがきっかけとなった。この文章に関心を持たれた島根県立大学の副学長飯田泰三先生、同大学北東アジア地域研究センターのセンター長井上治先生、同センター研究員の石田徹先生が、二〇一三年に済州を訪れて筆者と会い、済州・

モンゴルの交流史について直接話し合った。そして、その当時、島根県立大学で開催準備中だった「島根国際学術シンポジウム二〇一三：北東アジアの地域交流——古代から現代、そして未来へ——」に『제주《済州》、몽골을《モンゴルに》 만나다《出会う》』の内容に関連したテーマを報告するよう請われたのである。これを筆者が引き受け、二〇一三年一一月一五日にシンポジウムで発表した後、本書の出版へとつながっていく。

さて、モンゴルは一三世紀後半に侵略者として済州地域にやってきた。済州の人々がモンゴルの世界征服事業に集団捕虜のように動員され、酷使された。このように、済州の人々とモンゴルは対立と葛藤の関係を取り結ぶこともあった。それにもかかわらず、モンゴルとの交流により、牛馬飼育が済州の伝統的産業として根付き、経済力が伸長し、済州以外の人々が済州に流入しうる基盤も整えられ、人口が増加するなどといった済州社会の規模の拡大をもたらした。特に、多くのモンゴル人が済州に入り、定着し、その一部と済州女性との間の婚姻も行われ、子供をなしたため、済州の人口は大いに増えたのである。

済州社会の規模拡大は済州の行政単位の拡大と分化につながる契機として作用した。その行政単位の名称は今日も変わらず用いられている。済州地域の山村形成も済州とモンゴルの最初の交流を通じてなされた牧畜業の発展のおかげで可能となった。済州文化もモンゴル的要素と融合した。これは済州の言葉にモンゴル語からの借用の例として一〇個あまりの言葉が見いだされるという点からも明らかである。また、コソリ酒という酒は、現在済州の無形文化財第一一号として指定されている。コソリ酒は済州の伝統酒であり、焼酒〔焼酎〕に属する酒類である。焼酒〔焼酎〕の蒸溜法はペルシャで生み出された後、モンゴルに流入し、モンゴルの征服事業と世界帝国建設によって東アジア圏などに流布したことが広く知られている。

これまで、済州とモンゴルが持った最初の交流については、一般に、対立と葛藤の関係と見て、それが済州社会に与えた影響は無視するか、極小化しようとする立場を取ってきたと言える。ここには、民族主義的立場を掲げる歴史観と共に、モンゴル帝国没落以後の長い歳月の間、漢族を中国支配の正統と見なし、他の種族は夷狄・蛮夷・四夷であると見る華夷論が広く深く受け継がれてきた影響などが大きく作用している。翻って、国家と民族単位ではなく、済州の対外関係と済州の人々の生活と文化という観点から眺めてみたとき、済州とモンゴルの最初の交流は済州地域のアイデンティティ形成に大きな影響を与えたのであり、これは今日でも見いだすことが出来るのである。

さらに、近年になって、民族主義的歴史観とそれによる歴史教育の弊害についての議論が激しくなっており、その代案として、国家と民族単位ではなく、共通の文化的同質性を持つ一定の地域を一つの単位としてまとめ、歴史的流れを把握する地域史研究が強調されている。ここで浮かび上がる主要カテゴリーの一つが東アジア圏である。これに該当する地域は朝鮮半島の韓国・朝鮮を含む、中国・台湾・日本・ベトナムなどである。これらの国々は伝統的には海路を通じて結びついている地域であり、数千年にわたって文化的交流が活発だったし、漢字文化圏との呼称が示すように、文化的同質性を帯びている地域である。また、これらの地域の大部分は一三世紀から一四世紀後半にかけて、モンゴルによって政治的に統合されたことがある。東アジア文化圏の文化的交流と融合は一三世紀から一四世紀後半にかけて最も盛んで、その文化的影響は現在も引き続き残っていると考えるべきだろう。この時、一三世紀後半以降、モンゴルとの交流が直接的、日常的に行われた済州こそが、東アジア圏の文化の同質的因子が最も多く染み渡っている地域だと考えざるを得ない。

本書も、済州の歴史と文化を国家単位ではなく、東アジア圏の地域史という観点から眺め、アプローチする一方で、一般の読者も容易に、興味深く接することが出来るように叙述することに努めた。それだけに、本書の刊行は、日本の読者にも東アジア圏の地域史についての関心を高め、さらには東アジア圏の歴史と文化が同質性を帯びるようになる断面と理由を理解する際の手助けになり得るのではないだろうか。これによって、済州の歴史と文化が日本に広く知られるとともに、済州と日本はもちろん、韓日両国の善隣も進展することを期待している。

本書の刊行は、筆者にとってもとても大きな意味があり、記念すべきことである。なぜなら、ソウルで出発した歴史研究三〇年あまりの歳月のうち、故郷の済州に帰ってきてから二〇年の間、自身の故郷を研究対象として積み上げた成果が、海外の日本にも知られる機会が与えられたのだから。ここに至るまでには、島根県立大学北東アジア地域研究センターの先生方の手助けがとても大きかった。まず、井上治先生は本書の出版を提案され、出版助成を獲得した後、刊行に至るまでのすべての過程を企画・総括される一方で、日本の読者の理解を高めるための「あとがき」を書かれるという労を惜しまれなかった。なかでも、石田徹先生は、筆者の文章を的確に、こなれた日本語に翻訳するために全力を尽くされた。そのために、筆者との一〇〇余回になんなんとするEメールと郵便のやりとりの労を厭われなかった。

この一年あまりの間の時間を振り返ってみると、島根県立大学の飯田泰三先生、井上治先生、石田徹先生のお力とご支援がなければ、本書の刊行は不可能だった。本書の出版に際し、この先生方のご厚意に心より深く感謝申し上げると共に、これからの継続的な交流もお願いする次第である。

二〇一四年一一月二七日

金日宇　識

韓国・済州島と遊牧騎馬文化——モンゴルを抱く済州

目次

目　次

目 次

凡　例

一、**フリガナ**

韓国の固有名詞につき、原則として初出の箇所に適宜原音に近い形の読みガナを振った。

一、**ハングル表記**

文意の理解の助けになると思われる場合は、原語を残して読みガナを振るか、〔　〕中に補記した。

一、**括弧記号について**

・（　）は、原文中の（　）と［　］である。
・〔　〕は訳者による補足的な説明である。おおむね、前出語句の意味、説明、補足、前出語句に該当するハングル、前出語句の読み、原典での補足に用いた。ただし、長くなる場合には脚注としたものもある。

一、**その他**

・必要に応じて脚注をつけた。
・見やすさや理解の便を考慮して、適宜「　」を付した語句がある。
・翻訳の都合から、原文の改行や段落を改めたところがある。
・旧字体は新字体に改めた。

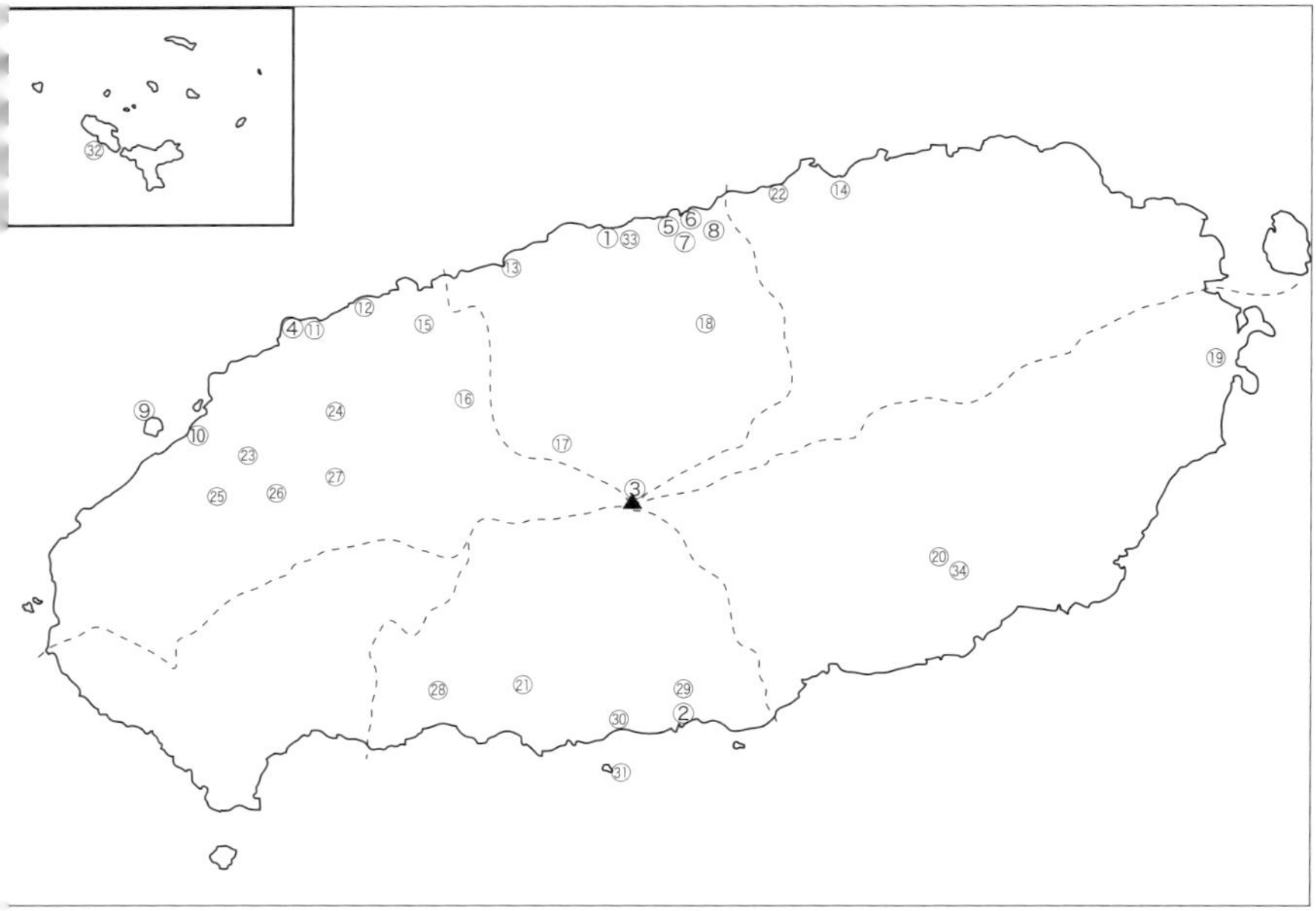

済州全体図

① 済州市
② 西帰浦市
③ 漢拏山
④ 涯月環海長城
⑤ 坤乙洞環海長城
⑥ 別刀環海長城
⑦ 東済院
⑧ 松淡川
⑨ 飛揚島
⑩ 明月浦
⑪ 涯月浦
⑫ 軍港浦
⑬ 朝貢浦
⑭ 咸徳浦
⑮ パグムジ岳
⑯ サンセミ岳
⑰ 赤岳
⑱ 済州馬放牧地
⑲ 大水山峰
⑳ 烈女鄭氏之碑
㉑ 法華寺
㉒ 仏塔寺
㉓ 明月村
㉔ 於音里
㉕ パルグンオルム
㉖ 今勿岳
㉗ 暁星岳
㉘ 猊来洞
㉙ 烘爐
㉚ 法還浦口
㉛ 虎島
㉜ 上楸子島
㉝ 巨老陵丘方墓
㉞ 金万鎰墓域

1. 予見された出会い

耽羅星主《タムナソンジュ》、モンゴルのカーンと出会う

時は高麗《コリョ》の元宗八年（一二六七年）、済州《チェジュ》の土着勢力の筆頭である星主《ソンジュ》がモンゴルの朝廷でモンゴルのカーンに謁見しました。モンゴルは一二七一年に「元」と改称しましたが、本書では「モンゴル」という名称も用いることとします。当時のカーンは「耽羅に注目していた」と『元史』「耽羅伝」に言われるクビライ（世祖：在位一二六〇～一二九四年）でした。『元史』「世祖本紀」の記録には「百済《ペクチェ》がその臣下である梁浩《ヤンホ》を派遣したので謁見し、錦繍を差をつけて下賜した」となっています。

耽羅《タムナ》地域は高麗が建国された太祖《テジョ》（初代国王・王建《ワンゴン》）の時代から高麗に編入され、一二一三年（高宗一〇年）以前にはすでに「済州」という名称を使用していました。それにもかかわらず、モンゴルはなぜ「耽羅」に注目し、わざわざ「百済」の臣下と記したのでしょうか。

図 1：13 世紀の済州島とその周辺

当時のモンゴルは、ロシア草原から中央アジアのほとんどの国を手中に収めていましたが、中国の南部にある南宋と島国である日本は征服できずにいました。耽羅は南宋と日本への海路の要衝であったため、二つの国に侵攻する際の前哨基地としようと考え、耽羅の星主を呼び寄せて実情を予め把握し懐柔しようとしたのでしょう。「百済」という表現も、耽羅を百済の領域と考えることで、高麗が昔から耽羅と結んでいた耽羅に対する法的、慣例的な優先的関係を排除しようと意図的に用いたものと思われます。

その二年後の一二六九年（元宗一〇年）、モンゴルは耽羅一帯の道を詳しく調べるために使臣を派遣します。その目的は、『元高麗紀事』「耽羅」至元六年七月条や『元史』「耽羅伝」によると「皆が耽羅からは南宋や日本に渡るのは容易いと言っている」、つまり、日本と南宋に侵攻するための戦略拠点確保に向けた事前作業だったのでしょう。

済州《チェジュ》、高麗《コリョ》の都の候補地に

毅宗二四年にあたる一一七〇年、文官による政権掌握に不満を募らせていた武官の李義方《イウィバン》と鄭仲《チョンジュン》夫《ブ》らが起こしたクーデターにより成立した武臣政権の末期、済州は高麗の都の候補地に挙げられました。これもやはり、済州の持つ地理的重要性という理由からでした。

高麗政府内で済州への再遷都が論じられていた頃、高麗の首都は江華島《カンファド》にありました。高麗が開《ケ》京《ギョン》（現在の開城《ケソン》）から江華島に遷都したのはモンゴルからの侵略を初めて受けた年の翌年、一二三二年（高宗一九年）のことでした。武臣政権の最高権力者であった崔瑀《チェウ》が江華島遷都に踏み切ったことで、モンゴルとの抗争は長期戦へと突入するのです。

モンゴルの高麗侵略が最も熾烈を極めた高宗一八年（一二三一年）から四六年（一二五九年）までの間、済州地域には軍事的侵略が直接及ぶことはありませんでした。一方、朝鮮半島地域は六度に亘り、一一回もの侵略をモンゴルから受け、国土を蹂躙されたのです。その結果、民衆の暮らしは困窮し、国家財政は極度に悪化するに至り、高麗の民衆の心にも変化が生じます。モンゴルに対する抗戦が始まった頃はモンゴルとの戦いに積極的でしたが、次第にモンゴルに投降する者が増えてきたのです。国土が荒廃しているにもかかわらず武臣政権とその権力者たちは江華島に立てこもったまま政権維持にのみ執着し、しっかりとした抗戦の方策や民衆の救済策に乗り出さなかったのですから、高麗の民は疑問を抱かざるを得なかったことでしょう。

武臣政権の実権は徐々に弱体化し、高宗四〇年（一二五三年）頃には高麗朝廷の議論はモンゴルとの講和論へと傾いていきます。高宗四一年（一二五四年）、モンゴル軍の積極的な沿岸地域や島への攻勢にも危機感を覚えた武臣政権は江華島を捨て、開京からさらに遠く離れた別の島への遷都を考え始めます。その有力な候補地に挙げられたのが済州だったのです。

武臣政権末期には済州は三度も遷都の候補地に挙げられましたが、これには武臣政権の狙いがあり

写真１：江華山城《カンファサンソン》

ました。南宋と日本を結ぶ海上の要所にある済州に本拠地を確保し、これら二つの国と共に対モンゴル連合戦線を張ろうとしたのです。

一二七〇年（元宗一一年）、武臣政権の最高権力者林惟茂《イムユム》が三別抄《サムビョルチョ》の挙兵により殺害されます。その結果、武臣政変が起きた一一七〇年（毅宗二四年）から続いていた武臣政権はちょうど一〇〇年目で終焉を迎えたのです。そして高麗朝廷は再び開京へと還都し、モンゴルとの講和を結び、モンゴルとの戦いに幕を下ろしました。

三別抄《サムビョルチョ》の抗戦

モンゴルとの戦争は終わりましたが、高麗はまた新たな戦争を始めねばなりませんでした。高麗政府がモンゴルと講和を結んだことに反旗を翻し、モンゴルへの抵抗を掲げた三別抄が新たに登場したのです。

三別抄とはどのような組織だったのでしょうか。

一二一九年（高宗六年）、武臣政権の最高権力者となった崔瑀が一二三〇年（高宗一七年）頃に夜間の治安維持のため夜別抄《ヤビョルチョ》を組織します。「別抄」とは「精鋭部隊」という意味です。夜別抄所属の兵士の数が増加すると、左別抄《チャビョルチョ》と右別抄《ウビョルチョ》に分けられました。そしてモンゴルとの戦いで捕虜となったが逃れてきた兵士などで神義軍《シニグン》が組織されます。その左別抄と右別抄、それに神義軍が加わったものが三別抄です。つまり、三つの部隊が統合された軍事組織という意味です。

三別抄は国家の公的な軍隊でありながら、同時に武臣政権の軍事的基盤でもありました。それは、武臣政権末期においても別に変わることはありませんでした。しかし、その三別抄が武臣政権崩壊の主力となったのです。一体どういうことなのでしょうか。

武臣政権は三別抄の中でも特に夜別抄の軍事力にかなり頼っていました。夜別抄は武臣政権の直属でしたが、神義軍は違いました。神義軍はモンゴルとの戦争中に軍事力の強化を目的に設置されたために、夜別抄とはその起源が異なります。元宗《ウォンジョン》に呼応して武臣政権の最後の最高権力者を討つために投入された主力部隊が、この神義軍だったのです。

武臣政権の崩壊は即ちモンゴルの意向に添うような王政復古を意味すると共に、開京還都へも直結するものでした。一二七〇年（元宗一一年）五月一五日、武臣政権は崩壊し、五月二三日には開京還都が決まりました。これはすでに予見された道筋でした。しかし、六月一日に三別抄が再び反旗を翻します。わずか数日の間に三別抄はなぜまったく逆の行動をとることになったのでしょうか。

開京還都を主導した王政に対する三別抄の蜂起は、五月二三日にすでに始まっていました。この蜂起を主導したのは夜別抄でした。これに対して元宗は五月二五日に懐柔を試みましたが、五月二九日には三別抄の廃止解散を通告します。この「廃止解散」という強硬措置が三別抄軍を極度に刺激し、これまで事態の推移を見守っていた多くの三別抄軍が態度を決める契機となったのです。蜂起は夜別抄の軍事力が中心となり、そこに神義軍が従うことで三別抄が初めて一つの集団として結束します。そして六月一日に三別抄の首領裴仲孫《ペジュンソン》が王族の承化《スンファ》侯《フ》温《オン》〔王温《ワンオン》〕を新たな王に推戴し、高麗の開京政府に反旗を翻したのです。このようになったのは、三別抄以外にも継続的なモンゴルに対する抵抗戦を支持する多くの人々が三別抄に加勢したためでもあります。つまり、三別抄が王政復古とモンゴルとの講和によって自分たちに加えられるであろう後患を恐れたため、引き続き抗戦することを掲げたのだというだけではなかったのです。

いずれにせよ、三別抄が新たな政府を建てた後も、本拠地候補としていた場所が、やはり済州でした。モンゴルに対する抵抗を掲げて南下する際、済州と珍島《チンド》のうちまず珍島を選びましたが、珍島を落とされ、最終的に済州に移ってきたことが、済州とモンゴルが関わりを持つ直接的な原因となったのです。

2. 三別抄と済州、そしてモンゴル

三別抄、済州を掌握する

一二七〇年（元宗一一年）九月、済州には高麗の開京政府が送った官軍が入っていました。珍島を抗戦拠点として済州海峡（南海《ナメ》）の島々と沿岸地域を掌握した三別抄が済州に入り込むのを防ぐためでした。

済州を守るのは金須《キムス》率いる二〇〇名の官軍と現地民、そして三別抄の脅威の高まりを受けて追加で派兵された高汝霖《コヨリム》の率いる兵士など、約一〇〇〇名の兵力でした。彼らは三別抄が別刀浦《ピョルトポ》から入ってくると見て、周辺に防御施設である城を建てました。その城が済州海岸を囲む環海長城《ファネチャンソン》の始まりでした。

一二七〇年一一月三日、珍島三別抄は李文京《イムンギョン》の部隊を送り、済州占領に乗り出します。彼らは開京政府の官軍の予想を裏切り、西側の明月浦《ミョンウォルポ》から上陸後、東側へと進み、東済院《トンジエウォン》に駐屯します。そし

写真**2**：珍島龍蔵山城《ヨンジャンサンソン》

写真**3**：珍島龍蔵山城出土瓦類

て官軍を襲撃し、松淡川《ソンダムチョン》で熾烈な戦闘を繰り広げます。この戦いで官軍は敗れ、三別抄は朝天浦《チョチョンポ》を占拠しました。

一二七一年五月、珍島三別抄が高麗・モンゴル連合軍との戦いに敗れます。この戦いで三別抄の象徴的な王であった承化侯温は無残にも殺害されてしまいました。その後、金通精《キムトンジョン》が残党を率いて済州に入り、南《ナ》海島《メド》〔慶尚南道《キョンサンナムド》南海郡《ナメグン》の島〕にいた劉存奕《ユジョンヒョク》も八〇隻の船団を率いて合流します。このようにして済州を新たな拠点とした三別抄は新たな抗戦活動を始めたのです。

済州に入った三別抄がまず力を注いだのは、防御施設の構築でした。まず環海長城《ファネチャンソン》を、次に内城と外城で二重になった缸波頭城《ハンパドゥソン》を、そして缸波頭城に近い入り江に位置し三別抄水軍の拠点でもあった涯月浦《エウォルポ》に涯月木城《エウォルモクソン》を築きました。木造の涯月木城は朝鮮初期まで遺構の半分ほどが残っていたとのことです。

一年以上防御施設の構築に注力した済州三別抄は一二七二年〔元宗一三年〕三月から全羅道《チョルラド》沿海地域で軍事活動を開始し、徐々に活動範囲を広げていきます。忠清道《チュンチョンド》や京畿道《キョンギド》の黄海〔西海《ソヘ》〕沿岸に出没し開京を脅かし、また地方の役所などを積極的に攻略していく一方で、モンゴル軍の駐屯地だった慶尚道《キョンサンド》の沿岸部にまで活動範囲を拡げる大胆さも見せています。済州三別抄軍はこのように朝鮮半島の各地を脅かし、開京の高麗王朝を緊張させました。しかし、朝鮮半島から遠く離れた済州が拠点であることから散発的な攻撃に終始し、珍島に拠点があった時期に比べその勢いがかなり弱まった状態でした。

済州三別抄の軍事活動が活発になると、開京政府とモンゴルは使臣や金通精の甥などを送り懐柔を試みますが、済州三別抄はこれを強く拒否しました。

図 **2**：三別抄移動経路

写真 **4**：坤乙洞《コヌルドン》環海長城

開京政府はモンゴルに三別抄討伐を重ねて要請し、モンゴルも日本征服を視野に入れた準備作業として耽羅平定を決定したのです。

『元史』「耽羅伝」に記録されているこのモンゴルの決定に関する部分を見ると、「入朝が不透明な日本よりまずは耽羅を平定するのが順序であり、つとに入朝していた耽羅国王が今逆賊たちに追われているのだとすれば、兵を挙げ、討伐に乗り出すことが道義の上でもまずすべきことである」という意味の内容が出てきます。ここからも当時の済州に対するモンゴルの考えをうかがい知ることができます。

最後の反モンゴル勢力倒れる

一二七三年（元宗一四年）四月、高麗の開京政府の金方慶《キムバンギョン》と、さきにモンゴルに投降した高麗人の洪《ホン》茶丘《タグ》らが兵船一六〇隻と高麗・モンゴル連合軍一万二千名を率いて済州の海にやって来ました。彼らは、中軍、左軍、右軍の三軍の編成で、三地点から攻撃を開始します。

本陣のある主力軍だった中軍は缸波頭城から東側に遠く離れた咸徳浦《ハムドッポ》へと向かいます。中軍が外郭地域である咸徳浦を上陸地点に選んだのは三別抄の本陣を直接攻撃するのではなく、攻撃軍をまず包囲しつつ、済州全体を制圧することで、状況に応じ臨機応変に対応しようという戦略だったのです。

左軍の三〇隻の兵力は缸波頭城から西側にやや離れた飛揚島《ピヤンド》を橋頭堡として、翰林《ハルリム》海岸へと入ります。右軍は涯月の方から入るように見せて、缸波頭城の防御兵力を涯月浦へと誘いこみます。このように、敵を欺くために狙いとは異なる側から攻撃する陽動作戦は、以前の珍島三別抄への攻撃の際にも非常に効果的な作戦でした。

高麗・モンゴル連合軍の右軍が涯月浦に上陸したかに見せて缸波頭城の防御軍を涯月の方へと引きつけている間に三別抄軍の本陣へ攻撃を仕掛けたのは飛揚島から上陸した左軍でした。『高麗史《コリョサ》』「金方慶伝」は当時の状況を「左軍の戦艦三〇隻が飛揚島から賊（三別抄軍）の拠点を直接攻撃すると賊（三別抄軍）側は風に飛ばされるごとく子城へとなだれ込んだ。官軍が外城を突破して火矢を四発放つと火炎が立ちこめ、賊（三別抄軍）の群れは大いに混乱した」と記録しています。三別抄軍は左軍の攻撃により致命的な打撃を受けてしまったのです。

写真5：涯月《エウォル》環海長城

済州三別抄の活動半径などから見ても、三別抄が高麗・モンゴル連合軍の大々的な攻勢の動きを知らずにいたはずはありません。済州三別抄も高麗・モンゴル連合軍の攻勢に対し備えを固めていました。

『高麗史』「金方慶伝」にはまたこう書かれています。

「まもなく波風が止んだので、中軍は咸徳浦へと進んでいった。これに対し賊（三別抄軍）たちが岩陰に置いた伏兵が雄叫びを上げながら躍り出てこれを防いだ。金方慶が全船に突撃を命ずると、隊正の高世和《コセファ》がまず身を挺して賊陣に飛び込み、兵士たちも勢いに乗じて争って進んだ。将軍の羅裕《ナユ》が率いる精鋭軍が後に続くと、（三別抄軍を）多数討ち取り、また捕らえた。」

中軍が咸徳浦に近づいた時間は明け方でした。そして咸徳浦は缸波頭城とは比較的遠く離れていたにもかかわらず、三別抄軍は海岸に兵を置き中軍の上陸阻止を図りました。三別抄は、高麗・モンゴル連合軍の攻撃に備えて海岸の北岸側に広範囲に兵士を配置していたのです。

金方慶らが率いる中軍は三別抄軍の抵抗に遭いますが、圧倒的な兵力でこれをすぐさま打ち破り、缸波頭城へと向かいます。

缸波頭城の陥落直前、三別抄の本陣は二手に分かれます。金通精を中心とした七〇余名は城から脱出して漢拏山《ハルラサン》に潜伏し、一部は高麗・モンゴル連合軍に降伏します。このように高麗・モンゴル連合軍は開京から出発後二〇日で缸波頭城を陥落させます。城内に進入した高麗・モンゴル連合軍は三別抄の重臣を捕らえ六名を公開処刑し、三五名は捕虜としました。一方、降伏した三別抄の兵士一三〇〇名は捕虜として捕らえ帰還させました。そして重臣の三五名については帰還の途中、羅州《ナジュ》〔全羅南道《チョルラナムド》中西部〕で斬首しました。漢拏山に入った金通精は首を吊り自決、彼に従っていた七〇余名も全員命を落とします。これにより三年余り続いた済州三別抄のモンゴルに対する抵抗活動は終わりを告げ、済州はモンゴルが直接支配する直轄領となるのです。

済州説話に見る三別抄の話

済州には金通精にまつわる説話が数多く伝えられています。それらの説話の中には、缸波頭城にまつわる話や三別抄と済州の民衆との葛藤、高麗・モンゴル連合軍と三別抄の戦いの様子などの歴史的事件が織り交ぜられています。

それらの説話の中に登場する当時の人物は、興味深いことに、話によりそれぞれまったく違う視点で描かれています。金通精はある時は英雄として、ある時は敗北者として、またある時は堂神〔神〕として描かれています。また高麗・モンゴル連合軍の将軍が堂神として描かれている場合もあります。外部勢力によってもたらされた争いの渦中に巻き込まれた済州の民衆の生き残りの知恵と意識が反映されているのでしょう。もし金通精が高麗・モンゴル連合軍に負けていなかったとしたら、済州がモンゴルの直轄領になることも、その後の苦しみを味わうこともなかっただろうという思いが読み取れます。

では、缸波頭城周辺の村々で伝えられている伝説の中からいくつかの話を一つにまとめて紹介しましょう。

高麗時代のことだ。ある寡婦が暮らす家に、夜ごとある一人の男がこっそり忍び込んで来ては寝ていった。戸をしっかり閉めていてもどこからか忍び込んで来ては、寝ていくのだった。そのうち寡婦のおなかが日ごとにだんだん大きくなっていった。村人たちは亭主もいないのに、そんなことがあるだろうかとささやきあった。寡婦が訳を打ち明けると、村人たちは、その男の腰に糸を結んでみろと言った。

その夜、寡婦は毎度やってきては寝ていく男の腰に糸を結んでおいた。翌朝、その糸を辿って行った寡婦は肝をつぶした。その糸が下馬石の下にいる大きなミミズの腹に巻かれていたのだ。このミミズと夜ごと褥を共にしていたなんて、と寡婦は呆れてしまった。そしてこの気味の悪いミミズがまたやって来たらどうしようと思い、そのミミズを殺してしまった。

しばらくして、寡婦は子どもを産んだ。全身に鱗が生え、脇には小さな翼が生えた男の子だった。村人たちは、ミミズ〔지렁이《ジロンイ》〕と情〔정《ジョン》〕を通〔통《トン》〕じて産まれた子と言って、その子を「진통정《ジントンジョン》」と呼んだ。また、「질통정《ジルトンジョン》」と呼んだとも言う。この子どもこそが、金通精〔김통정《キムトンジョン》〕だ。姓が金氏になったのは、金氏の家で、「진《ジン》」と「김《キム》〔金〕」が似ているからと言って、自分の家の名の金氏に変えてしまったためだ。

金通精は成長すると弓矢にも長け、空も飛び、術も操れるようになった。それで三別抄の親分となった。金通精は三別抄が窮地に追いやられると、珍島を経て済州にやって来た。彼が上陸した所は軍が入港したということで「군항이《グンハンイ》〔軍港〕（今の東貴里《トングィリ》港）」と呼ばれている。

グンハンイから軍事上相応しい場所を探して、山の方に登った金通精はハンバドゥリ〔缸波頭里〕（今の涯月邑《エウォルウプ》古城里《コソンリ》、東貴里）を見つけ、土城を築いた。内外に土塁を築き、その内側に御殿を建て、自ら「海上王国」と称した。

金通精は民衆から税を取ったが、金や米ではなく、必ず灰五升とほうき一本で受け取った。その灰とほうきを備蓄しておき、土塁の上をぐるりと回っては灰を撒いた。そして水平線に外敵の姿が見え始めると馬のしっぽにほうきを結びつけてから馬をむち打って、土塁の上を走り廻った。すると白い霧が立ちこめ、敵は方向を見失いそのまま戻っていった。

ある年、金方慶が率いる高麗軍が金通精を捕らえにやって来た。馬の尾にほうきをつけて煙幕を立てたが、金方慶も術に長けていたためこの手は通じなかった。

金通精は事態が危うくなると、人々を急ぎ城内へと入れて、城の鉄門を閉めた。この時、あまりに急ぎ過ぎたため、一人の子守女を城内に入れ損なってしまったのだが、これが過ちだった。

土塁がとても高い上に、鉄門も閉まっており、城に入れず周囲をぐるぐる回っていた金方慶に、その子守女が「一四日の間、鉄門を溶かせ」という妙策を授けたのだ。「子守女の言葉も聞け」という済州のことわざは、そこから生まれたと言う。

子守女の言葉を聞いて、城門を破った金方慶の兵たちが城内へとなだれ込んだ。金通精は敷いていた鉄の座布団を海上へと放り投げると、翼を広げて飛びたち、鉄座布団の上に座った。

金方慶がふたたび子守女に妙策を尋ねると、「一手は鳥に化けて、もう一手は蚊に化ければ捕まえられよう」と言った。金方慶の兵たちはすぐさま鳥と蚊に化けて、鉄座布団の上の金通精を追っていった。金通精は突然自分に向かって鳥と蚊が飛んでくるのを見て、尋常ではないものを感じ、「골《コル》구《グ》미《ミ》」という川へ鉄座布団を浮かべ飛んでいった。鳥が追っていき金通精の兜の上にとまり、蚊は顔の周りをブンブンと飛びまわった。金通精が鳥を見ようと後ろを振り向くと、首

写真**6**：山紫陽花（お化け花）

の鱗がひっかかって隙間が出来た。蚊に化けていた兵士たちがその隙間に刀を振り下ろし、落ちていく金通精の首にすぐさま灰を撒いた。金通精は全身に鱗がぎっしり生えていて刀で切りつけても切れなかったのだが、こうして首を落とし、すばやく灰を撒いたので首が再び元に戻ることはなかった。

金通精は死ぬ間際に「わが民こそはこの水を飲んで生きよ」と言って、靴を履いた足で岩をガンと蹴った。すると岩に靴の跡がボコンとへこんで出来たかと思うと湧き水があふれ出した。この湧き水を「횃부리《フェップリ》」または「횃자국물《フェッチャグンムル》〈靴跡泉〉」と言う。

金通精を討ち取った金方慶は金通精の妻を捜してこれも討ち取った。当時金通精の妻は身重だったのだが、お腹の鷹の子九羽も共に命を落としたという。翼が生えた金通精の子ゆえに鷹の子となっていたのだ。金通精の妻が討たれた際、その血が辺り一面に流れ出て、地面を赤く染めた。そこから赤岳《プルグンオルム》という名前が生まれた。

一方、缸波頭城陥落の直前に、金通精の母親は数名の家来を連れて「流水岩川《ユスアムチョン》」のほとりの日当たりのよい所へ行き、洞穴を掘って中へ入って行った。義理の母という話もあれば、母親と義理の母が両方来ていたという話もある。

ともかく、三別抄軍が滅んでしまったので、村人たちに「この洞穴の明かりが消えたら入口を

塞いでくれ」と言い残して中に消えた。しばらくすると洞穴から明かりが消えたので、村人たちはすぐに入口を塞いだという。こうして一生を終えたということで、その洞穴を終身堂《チョンシンダン》とも呼ぶ。洞穴周辺には山紫陽花が多く茂っていた。山紫陽花は三別抄の国花だったと言う。済州の人々は「お化け花〔도체비꽃《トチェビコッ》〕」と呼んでいるが、三別抄が滅んでしまったためなのか、「滅んだ花」と言い、自分たちの住まいに植えることはなかった。

◆関連遺跡めぐり

○環海長城《ファネチャンソン》——海岸防御の石垣

歴史書や民間で、「古長城」、「長城」、「海岸石垣」などとも呼ばれる「環海長城《ファネチャンソン》」は、文字通り海岸を囲むように築いた石垣です。「環海長城」という名称は洪鍾宇《ホンジョンウ》が一九〇三年から一九〇五年の済州牧使《モクサ》〔済州における最高位の文官〕在任中に著わした「観風案《クァンプンアン》」に初めて登場したようです。その後、『耽羅紀年《タムナキニョン》』（金錫翼《キムソギク》、一九一八年編纂）にも使われることで広まり、今日では普通に使われています。済州の海岸に長く巡らせた長城ということで「済州の万里の長城」とも呼ばれています。

環海長城が最初に築かれたのは一二七〇年のことで、高麗の開京政府が送った官軍が始めました。当時珍島を拠点としてモンゴルに対する抵抗の戦いを展開していた三別抄が済州へ入るのを防ぐためでした。そのとき主に築かれたのは、今の禾北《ファブク》村にある坤乙洞《コヌルドン》環海長城と別刀《ピョルト》環海長城だったよ

写真 **7**：温平環海長城

写真 **8**：別刀環海長城

うです。同じ年、済州に上陸した高麗の官軍を破った三別抄も同じく環海長城を築き続けました。この時から環海長城の目的は、高麗軍とモンゴル軍の攻撃に備えるものへと変わっていきます。この頃は海岸線に沿って連続して築くのではなく、高麗軍とモンゴル軍が上陸しそうな所を選んで築いていったと思われます。代表的なものとして、涯月環海長城があります。

朝鮮時代に入ってからも環海長城は補修や新築が続けられました。この頃は倭寇あるいは正体不明の異国船の出没が頻繁にあったためです。

このように環海長城はその時代により警戒の対象を変えながら築かれていきましたが、その築造に駆り出されたのはいつも済州の人々でした。つまり、環海長城は済州がくぐり抜けてきた歴史と共に生きざるを得なかった島民たちの喜びや悲しみが染みついた遺跡というわけです。

環海長城は海岸で波に洗われすり減った自然石を大きさ毎にうまく組み合わせて築かれています。

その形もまた一定ではなく、高さや厚さ、傾斜などは様々です。さらに海沿いの畑の石垣や波消し用の石垣などとの区別は難しい場合もありますが、今も一九の村の海岸地帯でその痕跡を見ることができます。この中で最も長く残っているのが温平《オンピョン》環海長城で、その長さは二・一二一キロメートルに至っていることが確認されたそうです。

現在、一〇カ所の環海長城が文化財に指定されていますが、そのうち三カ所が高麗時代からのものと見られています。

写真９：涯月環海長城

坤乙洞環海長城は、禾北村の海岸に長さ一四〇メートルほどが残っています。高さは三〜四メートル位で、ほどよくすれて角が取れた玄武岩などが不規則ながらも自然に積まれた姿は、数百年前の物語を語りかけているかのようです。

別刀環海長城は、禾北村の丘陵地形を利用して作られましたが、大小の自然石が隙間なく積まれた石垣で出来ています。六二〇メートルほどが残っており、高さは二メートルをやや越えるくらいです。綺麗に整っていることから、復元と補修が施されていたように見受けられます。

涯月環海長城は長さ三六〇メートルほどが残っていますが、残存部分の高さが二・五メートルから五メートルに及ぶ部分もあり、島内の環海長城の中でも最も高い石垣です。涯月環海長城がなぜ高麗時代から築かれていたかと言うと、済州に渡って来た三別抄が本拠地としていた缸波頭城が涯月付近にあったためです。現在残存する涯月環海長城は崩れ落ちている部分も少なくありませんが、石垣の端を広く高くし、その内側には小石などを厚く積み上げる環海長城の築造方法を見ることができます。

○東済院《トンジェウォン》と松淡川《ソンダムチョン》――三別抄と高麗開京政府官軍の戦場跡

写真 **10**：現在の松淡川

写真 **11**：現在の東済院跡

東済院跡は現在の済州市禾北洞五賢《オヒョン》高等学校正門前付近一帯を指します。『新増東国輿地勝覧《シンジュントングクヨジスンラム》』「済州牧・古跡」に「東済院は州の東側九里にある。跡が残っているが、そここそが李文京が陣を構えた処である」という記録があります。珍島三別抄が送りこんだ李文京の部隊が陣を張ったその場所に、朝鮮時代には済州を行き来する官吏たちの宿泊所だった「東済院」が置かれていたようです。

松淡川は現在の済州市禾北一洞禾北住公アパート東側にある河川を指します。一二七〇年（元宗一一年）に明月浦から済州に入り、後に東済院が置かれる場所に陣を張った珍島三別抄の李文京部隊と、禾北の海岸地帯を守っていた開京政府の官軍の間で戦闘が繰り広げられた場所です。松淡川の戦いで官軍は全滅、三別抄軍もかなりの犠牲を出したと言います。この戦いは熾烈を極め、「血が川のように流れ、松淡川の岩は血に染まり、今なお赤い」という話が伝えられているほどです。

○「済州缸波頭里《ハンパドゥリ》抗蒙《ハンモン》遺跡《ユジョク》址《チ》」――三別抄の最後の砦

一二七一年（元宗一二年）、済州にやって来た高麗の最後の反モンゴル勢力である三別抄がモンゴルへの抵抗の最重要拠点として位置づけていたのが、缸波頭城です。

城がある村の名前の「古城里」も缸波頭城に由来しています。城の名前「缸波頭」の起源については様々な解釈がなされていますが、その中で、城の地形に由来する名前だという説があります。缸（항《ハン》→항아리《ハンアリ》：甕）の形のように楕円形に築かれているため、そのように名付けたということです。また、済州三別抄を鎮圧した将軍の名前である「洪茶丘《ホンタグ》」に由来するという説もあります。当時、モンゴルは大きな手柄を立てた将軍に対し「偉大な勇士」という意味の「バトゥ」の称号を与えたそうです。洪茶丘がそのバトゥの称号を受けることになり、缸波頭城は「洪《ホン》バトゥ」の功績を称える「洪バトゥ城」を意味しているということです。近年になって、「ハンパ」を江華島南東部沿岸の潮の流れの速い所を指す「缸破江《ハンパガン》」という名から来たものだという見解も出されました。缸破江から南下してきた一団

写真 **12**：「済州缸波頭里抗蒙遺跡址」内の抗蒙殉義碑設置地域全景

写真 **13**：抗蒙殉義碑

が建てた城という所に名前の由来があるということです。

いずれにせよ、缸波頭城がある場所は海岸からやや高台にあり、眼下に海が広がり、自然が作り出した険しい立地、そして東西に長く深い渓谷があるという天然の要塞の条件だけでなく、比較的豊富な飲み水や良質の土壌などの城の建築と機能に必要な諸条件も兼ね備えていたのです。

済州は火山島のため、粘土質の土の入手が困難なのですが、缸波頭城一帯には瓦作りに適した質の良い土がありました。漢拏山から木を切り出して建築資材として使え、イノシシやシカ、ノロジカなどの山の動物も狩れました。近くの海岸には大小の入り江があり、すぐに軍事用に使うことができ、また当時済州島の中で最も規模が大きな村々とも近く、必要な物資の入手も可能でした。

缸波頭城は外城と内城からなる二重の城として築かれました。東西南北には城門があったとのことです。全長約六キロメートルの外城は土で作られた土城ですが、土の層と石灰層を交互に一〇層あまり重ねて築造されたものと確認されました。内城は、外城の内側の中心部に石で築いた周囲七五〇メートルの正四角形の石城だったと伝えられてきました。ところが、二〇一〇年一〇月に新たに試掘調査を行った結果、石城ではなく、土城だった可能性が提示されました。発掘調査団によれば、内城は粘質土と砂質土を砂利と交互に重ねて築造されていたとのことです。下部の幅は最小約四メートル、総延長は七六〇メートルの四角形の建造物と見られています。

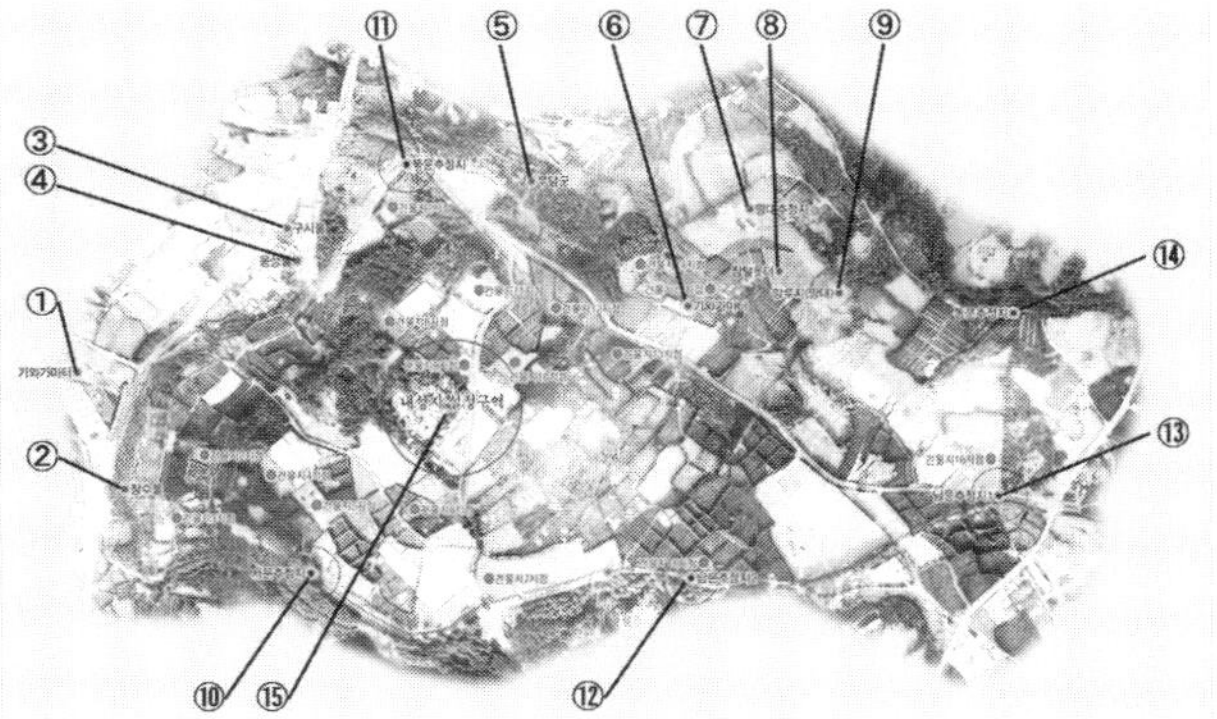

図 **3**：「済州缸波頭城抗蒙遺跡址」（史跡第 **396** 号）全景
①瓦窯跡／②将帥泉／③槽泉／④甕城泉／⑤墳墓群／⑥瓦窯跡／⑦見張り台推定地／⑧チャントル池／⑨望楼地（見張り台）／⑩西門推定地／⑪北門推定地／⑫南門推定地 1 ／⑬南門推定地 2 ／⑭東門推定地／⑮内城設定区域

三別抄は済州にやって来てから一年余りは、この缸波頭城を始めとする防御施設の構築に力を注ぎました。当然、人手は足らず、近くの村人たちが強制的に駆り出され、苦難にあえいだのです。「金通精将軍が土城を築いた時はひどい凶作で、役夫たちは空腹でしゃがみこみ、大便をしてからそれを食らおうと振り返ると、すでに隣の役夫が拾って食べてしまい、自分のものさえまともに食べられなかった」という内容の伝説があり、缸波頭城の築城に駆り出された済州の人々がどれだけ辛く苦しかったのか、想像に難くありません。

写真**14**：復元された紅波頭城の土塁

　紅波頭城は自然の地形を最大限活かした城です。城の東側には古城川《コソンチョン》、西側には昭王川《ソワンチョン》という河川が深い渓谷を作り、外城の土塁だけでも大変堅固な城になっています。外城はその上を馬に乗って走ることができる高速軍事道路として活用される程の規模だったと言います。これは「金通精将軍は民衆から税を取ったが、金や米ではなく、必ず灰五升とほうき一本で受け取り備蓄しておいた。そして土城の上をぐるりと回って灰を撒いた後、しっぽにほうきを結びつけた馬を走らせ、灰が霧のように四方を覆い隠すことで、民衆の間に、自分が雲の上を飛んでいるという話が広まるようにした」という伝説からもうかがい知ることができます。

　建物があった城内では、唐草模様が彫られている軒平瓦や「高《コ》内村《ネチョン》……辛丑二月……」という文字が彫られた瓦の破片、青磁の破片、仏像などが確認され、遺跡の重要性を物語ります。内城と外城の外にも紅波頭城北側の槽泉《クシムル》や甕城泉《オンソンムル》〔五生水《オソンムル》ともいう〕のような水源を守るため、外城の外側にも土塁を造ったと言われています。

○紅波頭城《ハンパドゥソン》の周辺遺跡

肘壺《トルッチョグィ》

内城の「御殿跡」の殉義門《スニムン》前の広場に「肘壺《トルッチョグィ》」という石の遺物があります。もともとは紅波頭城の内外に散在していたものを、抗蒙遺跡を整備する過程で収集して現在の位置に集めて囲いをつけたものです。その数は現在は一〇個ほどになります。すべて玄武岩で出来ており、表面は粗いものの、形は整えられています。丸くくり抜かれた溝に目が引かれます。城門の柱を塡《は》め支えていた穴ということです。つまり、缸波頭城の四つの城門に門扉をかけるために建てた柱を塡め合わせていた礎石と考えられるでしょう。

瓦窯跡

遺跡地周辺には瓦を焼いていた窯の痕跡が二カ所あります。そのうち城外の北西二〇〇メートルの地点にあるものは東側が高く西側が低くなっており、自然の傾斜をそのまま利用して作られています。かなり土に埋もれており原形を知る由もありませんが、奥に行く程広がった形をしています。

次に紹介する缸波頭城東南側の「장털《チャントル》」という所にある窯もやはり自然の傾斜をそのまま利用して作られていますが、こちらは西側が高く東側が低くなっています。この窯では大量の瓦が作られたものと見られています。瓦は缸波頭城内外の建物に主に用いられ、城の塀にも一部使われたと考えられています。

写真 **15**：肘壺

写真 **16**：瓦窯跡（○印のところ）

チャントル

장털《チャントル》は缸波頭城本城内で土地が最も低く、かつて池があった所です。ここでは建物跡二カ所と瓦窯跡一カ所が確認されています。城内北東部側の水はすべてここに集まるように作られており、楕円形の池の広さは、九〇〇〇平方メートルを優に超えていました。また建物の建築や、瓦の製作にはここの土が利用されました。池を作り、金通精ら三別抄の重臣たちが船遊びを楽しんだという話も伝えられています。今は畑と果樹園となっており、南側と北側に水が流れていたと見られるわずかな痕跡が残っています。

写真 **17**：チャントル池跡発掘現場全景（航空写真）

上の〇は **2011** 年試掘調査で推定されたチャントル池

下の〇は従来からチャントル池に推定されてきたチャントル畑

甕城泉《オンソンムル》

缸波頭城北側の極楽寺《クンナクサ》という寺院の中にある湧き水で、現在も使われています。今は水量も少ないですが、以前は勢いよく湧き出ていたとのことです。三別抄軍が駐屯していた頃は金通精将軍と貴族たちだけがこの水を使ったと言われています。三別抄軍が敗れた後にも近所の村人たちは祭祀や굿《クッ》〔朝鮮シャーマニズムの祭儀〕など、家で大事な儀式を行う際には必ずこの水を使ったと伝えられています。五生水《オソンムル》〔오성물〕とも呼ばれていると

写真 **18**：甕城泉

ころから、甕城《オンソン》〔옹성：城門を守るために外側に半円形に作られた塁〕とは関連はありませんが、缸波頭城と関連付け、水が甕城の中にあるので「甕城泉」と誤って広まったとも考えられます。現在、二つの井戸からなっており、石垣を廻らせるなど、良く整備されています。

槽泉《クシムル》

甕城泉の東側の道路脇にある湧き水です。三別抄軍の缸波頭城築城時から飲み水などの生活用水として使用されてきました。「クシ」というのは、木や石で作った「桶」を指す言葉です。水が湧いている所から二・五メートルほど下った地点に三別抄軍が設置した大きな木桶がありました。確認されたのは木製の桶の四角の枠の角材とその内部の板の部分でしたが、内部は四枚の板で構成されており、底板の面積は四七〇 × 二六五センチメートルでした。木材板の下部は中央部に角材が置かれており、二〇センチメートルほど黄色い粘土を突き固めていたことから見て、固定された桶だったのでしょう。一九九三年二月に井戸の北側から分厚い木の板が複数見つかりましたが、三別抄軍が水を守るた

写真 **19**：槽泉

写真 **20**：槽泉木桶発掘現場

め設置していた小屋と考えられています。三別抄がこの水をどれだけ厳重に管理していたのかがうかがい知れます。

槽泉はひどい日照りでも涸れず、水の味も良いことから、上水道が普及した後も村人たちの飲み水として利用されてきました。一九二八年に厳しい日照りで水不足に陥った際、周辺の流水岩、光令《クァンニョン》、長田《チャンジョン》などでもこの水を汲んで飲んでいました。一時は村の青年たちが水の配給を行うほど水を汲みに来る人たちが多かったと言います。今は部分的にセメントで整備されており、정주석《チョンジュソク》〔済州独特の家の敷地の入口部分にある"門"代わりの石で三つ穴が空いている〕を模した入口が作られており、囲いも設置されています。

将帥泉《チャンスムル》

缸波頭城北西部の外側の涸れ川「コルグミ川」のほとりにある湧き水です。水の量は少ないですが、岩のすき間から絶えず湧き出て来ます。岩のくぼみは間違いなく大きな足跡の形をしています。金通精将軍が官軍に敗れ城外へと走り出した時にこの跡が出来て、その後湧き水が湧いたと言われています。また、官軍と戦って敗れた金通精将軍が死ぬ直前に「わが民はこの水を飲んで生きよ」と言って靴を履いた足で岩をガンと強く蹴ると、岩が足跡の形にへこみ、そこからまもなく水が湧いて流れ出したという伝説があ

写真 21：将帥泉

ります。元々は「횃부리《フェップリ》」または「횃자국물《フェッチャグンムル》〔靴跡泉〕」と呼ばれていましたが、現在は「将帥泉《チャンスムル》」という名前の方が有名です。

極楽峰《クンナクオルム》と「矢受け石」

缸波頭城南側にある極楽峰《クンナクオルム》は三別抄が武術訓練場ならびに見張り台として使用していたオルム〔1〕です。海抜三一四メートルの山で、頂上は東峰と西峰に分かれます。東峰は峰が平坦に広がっており、兵士たちの駐屯に適した場所です。かつてここに見張り台と弓場があったと伝えられていますが、現在は雑木林で雑草が生い茂っています。戦術に長けた三別抄軍は城を守るため、極楽峰の陣地に小部隊を駐屯させていました。極楽峰は城外南部の前哨基地の役割を担っていたわけです。

写真 **22**：矢受け石（○印が跡）

オルムの北側には古くから「矢受け石」と呼ばれている岩があります。文字通り「矢が当った石」を指していますが、手のひらの大きさほどの跡があります。東峰の弓場から矢を打つ標的としていたとのことで、一九五〇年代までは三別抄軍が放った矢が刺さっているのを見た村人がいたという話が伝えられています。

〔1〕「オルム」は、火山島である済州島に多く見られる火砕丘や溶岩ドームなどの類の「山」を指す。韓国固有語のため「オルム」を音訳した漢字はなく、「岳」・「峰」・「山」などの字が充てられている。ちなみに、『新増東国輿地勝覧』の場合、「岳」の使用例が目立つ。

陣軍岳《チングンマルル》

陣軍岳《チングンマルル》〔마름《マルル》は済州の言葉で「丘・低い山」の意〕は涯月邑古城村《コソン》の住宅地の東側の地域に南北に長くのびた低い丘陵地帯です。三別抄軍が陣を張った所という話が伝えられています。

アノルム見張り台

缸波頭城の東側に位置する標高一八六メートル、高低差一五メートルほどの小さなオルムです。城内にある唯一のオルムであることから、「アノルム〔안《アン》「中の」오름《オルム》「岳」〕」という名前が付いたと言われていますが、最近では、よく知られた丘陵地の中にあるオルムなので、この名前が付いたという説が有力です。このオルムの上には見張り台があったと言い伝えられてきましたが、実際に二〇一〇年に発掘調査をしたところ、見張り台の跡が確認されました。アノルムの頂上に立つと、東・西・北側の海が遠くまで見渡せます。ここから済州沿岸や楸子島《チュジャド》近海まで行き来する船を見張っては報告していたであろう三別抄軍の姿を想像できます。オルムの頂上からやや離れた所には土塁が築かれています。

写真**23**：アノルム見張り台跡防塁遺構（航空写真）

マンイリ丘《トンサン》

缸波頭城の西側と古城川の間にある丘《トンサン》です。北側に広がる地域を見張るのに適した場所で、三別抄軍が見張り台を設けたとされています。

パグムジ岳《オルム》

바굼지《パグムジ》오름《オルム》〔筆峰あるいは破軍峰〕は涯月邑下貴里《ハグィリ》地域にある海抜八五メートルのオルムです。「바굼지《パグムジ》」は「ざる」を意味する済州の言葉です。オルムの形が「ざる」に似ているのでパグムジという名が付いたと見られます。パグムジ岳は缸波頭城と軍港浦《グナンポ》の中間地点に位置しています。

軍港浦は三別抄軍が物資を運び込む入り江としてよく利用された所です。またパグムジ岳は三別抄軍の戦略的要衝の地とされていました。缸波頭城からわずか二キロメートルほど離れた前哨基地だったのです。

高麗・モンゴル連合軍がここで三別抄軍に大打撃を与えたことから「破軍峰《パグンボン》〔파군봉〕」とも呼ばれています。

赤岳《プルグンオルム》

漢拏山の西側、海抜一〇六一メートルの所にある、高低差約一三〇メートルのオルムで、缸波頭城から南東方向に直線距離で約一〇キロメートルの所に位置しています。一二七三年、高麗・モンゴル連合軍が缸波頭城を包囲し総攻撃を仕掛けると、金通精将軍は城を脱出し、このオルムでみずから妻子を殺した後、共に脱出した七〇名余りの部下たちと陣を構え最後の抵抗を試みますが戦死したという話が伝えられています。『高

写真 **24**：パグムジ岳

写真 **25**：赤岳

麗史』「元宗世家」や「裵仲孫伝」は、金通精はその年の閏《うるう》六月に山中で首を吊った姿で発見された、と言います。その山中というのが、この「赤岳」を指すのか、さらに奥の漢拏山のことなのかははっきりしませんが、言い伝えではこの「赤岳」であるとされています。

名前の由来としては、オルムの土質が「赤いこと〔붉은《ブルグン》〕」から来ているということですが、それよりも、金通精が自分で自分の家族を殺し、激しく戦った際の血で土が赤く染まったという伝説の方がより広く知られています。

軍港浦《グナンポ》

軍港浦は缸波頭城の最も近くにある涯月邑東貴里海岸の入り江です。金通精が率いた三別抄がここから済州に入ったと伝えられています。その後も三別抄が軍需物資の運搬に利用していたことから、軍港浦という名前が付いたと言われています。

入り江周辺の海岸には、「종지여《チョンジヨ》」、「진여《チニョ》」、「번들여《ポンドゥリヨ》」、「도린여《トリニョ》」など五〜六個の「여《ヨ》」があります。「여」は浅瀬や引き潮の時に現れる岩や暗礁を指す済州の言葉です。ここにある「여」はほとんどが引き潮時に陸と繋がるのですが、金通精はこの暗礁を軍船に見せかけて高麗・モンゴル連合軍と戦ったという話も伝えられています。

写真 **26**：軍港浦

朝貢浦《チョゴンポ》

今の済州市外都洞《ウェドドン》の海岸にある入り江で「都近浦《トグンポ》」または「外都浦《ウェドポ》」とも言われています。また、三別抄軍が物資運搬用の入り江として用い、済州海峡〔南海〕の多島海周辺からの税を受け取る港だったとも言われています。三別抄軍はこの港から現在の涯月邑光令三里を経て、缸波頭城まで続く運搬路を作ったということです。

写真 **27**：朝貢浦

涯月浦《エウォルポ》

涯月邑涯月里《エウォルリ》海岸にある涯月浦は、東側の朝天浦とともに高麗時代、全羅道の済州海峡〔南海〕沿岸地域から耽羅にやって来る船が最も多く出入りする入り江でした。三別抄が入島してからは水軍の拠点となりました。三別抄討伐のためやって来た高麗・モンゴル連合軍の右軍がこの入り江に上陸するかに見せて、缸波頭城の守備兵をおびき出した場所でもあります。

飛揚島《ピヤンド》と明月浦《ミョンウォルポ》

翰林邑《ハルリムウプ》沖に浮かぶ飛揚島は手を伸ばせば届くかのように近くに見えます。『高麗史節要《コリョサチョリョ》』には穆宗五年（一〇〇二年）五月に火山が噴火したという記録があり、「千年の島」と呼ばれていますが、飛揚島はこの時の海底噴火により出来た島ではないそうです。済州本島にあるオルムと共に形成され、当初は本島と繋がっていましたが、約七五〇〇～八〇〇〇年前に海水面の上昇により島となったと考えられています。

一二七三年、三別抄の討伐のため高麗・モンゴル連合軍は陽動作戦を展開し、三〇隻の兵力の左軍がこの島を橋頭堡として明月浦へと上陸します。明月浦は現在の翰林邑瓮浦里《オンポリ》海岸にある入り江です。一二七〇年、珍島三別抄の李文京部隊もこの入り江から済州に上陸しました。しかし、一二七三年、高麗・モンゴル連合軍の左軍を防ぎきれず缸波頭城に退き、血戦を繰り広げることになるのです。入り江の周辺には当時の状況を連想させる「防御畑《パンオワッ》〔왓《ワッ》は済州の言葉で「畑」の意〕」、「射場跡《サジャント》」などの地名が残っています。

写真**28**：飛揚島

咸徳浦《ハムドッポ》

現在の朝天邑咸徳里《チョチョンウプハムドクリ》海岸にある入り江です。金方慶らが率いる高麗・モンゴル連合軍の主力である中軍がこの入り江から上陸し、海岸で待ち構えていた三別抄軍と戦闘を繰り広げます。中軍は三別抄軍を上回る兵力で咸徳浦の戦いから缸波頭城へと進軍し、三別抄は最期を遂げることになります。

サンセミ岳《オルム》

缸波頭城から南方約四キロメートル地点にある海抜六五〇メートル、高低差一〇〇メートルのかなり大きなオルムです。南西側の山裾に泉〔샘《セム》〕があることから「山の泉〔산새미《サンセミ》〕」という名が付いた

このオルムは、北側から見ると三つの峰からなるように見えることから、「三山岳《サムサナク》」、「三心峰《サムシムボン》」、「山心峰《サンシムボン》」などとも呼ばれていました。

一二七〇年、高麗の開京政府が珍島三別抄の済州入島を阻止するために送った金須将軍がこのオルムの頂上に高麗軍の陣を張ったとされています。頂上からは済州市東部と涯月邑一帯が見渡せ、漢拏山はもちろん、遠く楸子島まで一望できます。

クムス池《モッ》

サンセミ岳東部にある直径五〇メートルほどの丸い溜池です。サンセミ岳に高麗軍の陣地を張った金須将軍が使った水ということから、「금수못《クムスモッ》〔金須池〕」または「짐수못《ジムスモッ》〔ジムス池。済州では「김《キム》」を「짐《ジム》」と発音していた〕」という名前が付いたという話もあります。

〇流水岩里《ユスアムリ》サンセミ岳方墓――高麗の金須将軍が眠るという

サンセミ岳北東側にある方墓です。方墓は板石を用い、石槨を囲んで正方形に築かれた墓で、高麗末から朝鮮初期の済州の伝統的埋葬様式です。

この方墓の石槨は地中に埋め込まれて、上部二〇センチメートルほ

写真 **29**：サンセミ岳とクムス池

写真 **30**：金須将軍の墓と推定される方墓

どが地上に出ており、墓の盛り土はほぼ平らになっています。碑石はありませんが、高麗時代の墳墓形態で、その大きさが他の墓に比べ抜きんでて大きいこと、村ではオルムの下にある池を「クムス池」と呼んでいることなどから、金須将軍の墓と考えられています。

金須は文科及第出身で、霊岩副使《ヨンアムブサ》だった時に開京政府の命によって済州に派遣されました。珍島三別抄の済州への進入を防ぐためでした。後に派遣された高汝霖とともに昼夜を問わず城を築き、武器を修理し、済州を守ったと言います。金須は日頃から大義を以て士卒たちを率いて、人々の尊敬を集めていました。しかし、別の経路からやって来た三別抄の李文京部隊を阻止できず、松淡川の戦いで討ち死にしてしまいました。

○三別抄と縁の深い高内本郷堂《コネポニャンダン》

涯月邑高内里《コネリ》の入り江と住宅地の間を貫く海岸道路の南側にあります。石垣で周りを囲ってあり、中にはお堂があります。このお堂で祀っている神は「ファンソの土地《タン》（황서땅）」、ファンソ将軍《チャングン》（황서장군）」で、村人たちの生死、戸籍などを司っています。もともとは防波堤の下にありましたが、一九九三年に今の場所に新たに建てたということです。

この堂神、つまりお堂の神様の来歴を伝える本プリ（本縁譚。朝鮮シャーマニズム（巫俗）にある歌）に三別抄の話が出てきますが、金通精よりは「황서《ファンソ》」・「을서《ウルソ》」・「병서《ピョンソ》」で表現される三人の武将（高麗・モ

写真 **31**：高内本郷堂

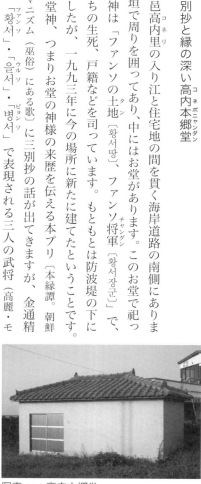

ンゴル連合軍の武将洪茶丘と金方慶、モンゴル人武将忻都《ヒンドゥ》〔흔도《フンド》〕に焦点が合わせられています。この三人の武将が堂神として祀られており、その筆頭の「ファンソ将軍」の名前で親しまれています。「ファンソの土地」とは「神々が戯れる領域」という意味を持っています。

3. モンゴルとの一〇〇年、済州の変化

モンゴルの直接支配の始まり

一二七三年（元宗一四年）四月、最後の反モンゴル勢力である済州三別抄が平定されました。モンゴルは二カ月後の六月に官府を設置します。済州を直轄地にしたのです。当時モンゴルの直轄地となった地域としては済州の他に和州《ファジュ》（咸鏡南道《ハムギョンナムド》・永興《ヨンフン》）、西京《ソギョン》（平安南道《ピョンアンナムド》・平壌《ピョンヤン》）がありましたが、その支配の方法は異なりました。和州や西京はその地の土着勢力を通じて間接的に支配を行ったのですが、耽羅はモンゴルが官府を置き、役人を派遣して直接支配を行ったのです。

当時モンゴルが済州に置いた官府の名は「耽羅国招討司《タムナグクチョトサ》」でした。高麗がすでに使っていた「済州」の名を捨て、「耽羅」の名を付けたのです。後に改編され設置された耽羅総管府《タムナチョングァンブ》などの四つの官府でも同様でした。済州が高麗の領域に属す以前から使われていた伝統的呼称の「耽羅」を用いること

写真 **32**：上空から見た済州の草原

で高麗との関係を払拭しようという意図があったのです。

直轄地にするやいなやモンゴルは三別抄に同調した一部の耽羅人を半島へと連行します。耽羅支配に影響を与える不安要素を予め取り除くためでした。そして民心を懐柔するために、耽羅の民一万二二二三名に穀物を支給するよう高麗に命じました。その時点でモンゴルはすでに耽羅の人口を把握していたのです。

モンゴルがかくも迅速に支配基盤の基礎を固めることができたのは、事前にその後の計画を立てていたためです。かねてより耽羅に狙いを定め、恒久的な支配をもくろんでいたのです。耽羅が日本や南宋への海路の要衝にあるという地理的な価値のみならず、天然の放牧地が広がり、伝統的に造船用の木材が豊富だったという点からも、耽羅を狙っていたのでしょう。

耽羅を直轄地にすると、モンゴルは軍馬などの長期的な調達を可能とするため、モンゴル馬一六〇頭を持ち込み、今の城山邑《ソンサンウプ》水山里《スサンリ》一帯の水山坪《スサンピョン》に放牧しました。一度目の日本征伐〔弘安の役〕の前には、船三〇〇〇隻分の木材を耽羅から調達したのです。その木材の伐採により、当時の漢拏山ははげ山になるほどだったろうと思われます。その一方で、耽羅で徴集した物資などを本国や本国が意図する場所へ迅速に運ぶために羅州や海南《ヘナム》〔全羅南道西南部〕方面に駅站を設置しました。モンゴルは耽羅を日本と南宋征伐の前哨基地としてだけではなく、兵站基地としても運用していたのです。

モンゴルは一二七九年（忠烈王五年）に南宋征伐を終えましたが、二度の日本征伐（文永の役、弘安の役）失敗の後は、日本征伐の推進と中止を繰り返していました。この頃半島部の人々も相当な苦しみを味わいましたが、耽羅の民の苦労はそれ以上でした。モンゴルは、耽羅について三別抄を武力平定して得た征服地と見なし、耽羅の民をまるで集団捕虜のごとく動員して酷使したのです。

モンゴルの日本征伐は失敗に終わり、これに執着していたクビライ・カーンが没すると、高麗はモンゴルに要請し、耽羅を高麗の支配に復させたこともありました。その時高麗は耽羅を再び「済州」と呼び、行政単位を格上げして「済州牧《チェジュモク》」としましたが、その後しばらくして済州は再びモンゴルに帰属しました。その後八〇年余り、済州の帰属先は高麗とモンゴルの間で何度も変わりました。しかし、済州にとっては、設置された支配機構の管轄権が高麗にあるか、モンゴルにあるかという表面的な変化に過ぎませんでした。一二六七年（元宗八年）、済州とモンゴルの最初の出会いがあり、それほどの間を置かずにモンゴルの直轄地となった済州は、約一〇〇年あまりの間、ある時期はモンゴルの直轄地として支配され、ある時期は高麗の支配に戻されるという状況の中で、モンゴルの影響力にさらされていたわけです。その一〇〇年余りの間、済州社会は大きな変化を経験するのです。

牧場の歴史の始まり

モンゴルとの出会いによって済州社会にもたらされた最大の変化は牧畜でした。

それ以前からも済州は馬の飼育が盛んな地域でした。高麗は全国のいくつかの島で馬を育て繁殖さ

写真33：済州馬放牧地

せ、それを税として集め国家の需要に応えてきましたが、そのうちの相当量を済州から調達していました。それだけ済州は馬の飼育に適した条件を備えた地域だったのです。

伝統的な遊牧民族であるモンゴル人がそれを見過すはずがありませんでした。モンゴルの直轄地となった直後に派遣されたモンゴルの役人はすぐさまその点を本国に報告したようです。『新増東国輿地勝覧』「済州牧・土産」には、この地の産品を説明して、モンゴルが「耽羅を房星の領域と考え牧場を設置した」という記録が出てきます。「房星〔そいぼし〕」は馬の守護神と呼ばれる星座です。モンゴルが「馬の守護神が治める場所」と思う程、耽羅は天然の馬の放牧地と言うに足る所だったのです。

モンゴルがモンゴル馬一六〇頭を済州に連れてきて、済州の東側の水山坪一帯に放ったのは一二七六年（忠烈王二年）のことでした。その時モンゴル式牧場が済州に初めて設置されたのです。馬を育て管理する「哈赤《ハチ》」たちも派遣されてきました。「哈赤」はモンゴル人の中でも特に牧畜技術に優れた者たちのことで、済州では「牧胡《モッコ》」とも呼ばれていました。翌年には島の西側の、現在の翰京《ハンギョン》面《ミョン》高《コ》山里《サンリ》一帯にも牧場を拡大します。その際にモンゴルが持ち込んだのは馬だけではなかったようです。これらの牧場で牛、ラクダ、ロバ、羊、そしてキバノロ〔満州鹿〕まで飼育していたという記録が残っています。その中でも特に馬がよく繁殖したので、モンゴルはさらにモンゴル馬を連れて来るなどして、済州での馬の飼育に一層力を注ぎました。

それにもかかわらず、一二九四年（忠烈王二〇年）まではモンゴルは耽羅の馬をモンゴル本国へ送ることはなかったようです。『高麗史』「忠烈王世家」によると、忠烈王二〇年にクビライ・カーンが没し、モンゴルが日本征伐を完全に断念すると、耽羅の民がモンゴルに行き、馬四〇〇頭を献げたというのが最初の記録です。これは、モンゴルが日本征伐を試み、推し進めていた最中には、耽羅がそのための前哨・兵站基地としての役割を担っていたためでした。耽羅の馬は日本征伐に備え耽羅にそのまま置かれていたのです。

日本征伐を断念すると、モンゴルは耽羅経営の焦点を物資収奪に置き、耽羅から馬を始め牛肉や皮貨（毛織物類）、酥油《そゆ》（バター類）、脯《ほしし》（乾肉）など牧畜に関連した物資を調達していきました。そうなると、耽羅の牧畜に大きな関心を寄せるようになるのは当然のことでした。

済州の牛馬数が大きく増加し、飼育施設や運営人員の規模も大きくなると、一三〇〇年（忠烈王二六年）頃には東西の牧場が、東阿幕《トンアマク》・西阿幕《ソアマク》と名付けられました。耽羅の牧場は、この時すでにモンゴルの一四の国立牧場の中の一つとして位置づけられていたのです。

東西の阿幕の馬はモンゴル人の「哈赤」によって放牧飼育されていました。モンゴルの牧畜技術者である「哈赤」たちはモンゴルの伝統的な方法で済州の馬の飼育を行ったことでしょう。特に、モンゴルと同じように牧草が豊富にある地域を時期毎に移動しつつ飼育を行ったので、済州全域が牧草地として活用されました。しかし、モンゴル地域とは異なる方法、たとえば海岸地帯に牛馬を放牧したとしても生の牧草が足りなくなる冬の間については一カ所に集めて予め用意しておいた干草やわらを食べさせる済州の牛馬飼育方法を採ることもありました。

済州の人々もまた「哈赤」の牛馬飼育方式から多くの影響を受けました。中山間地域から高地へと放牧地が拡大したことや、「구렁ᄆᆞᆯ《クロンマル》〔栗毛馬〕」、「적다ᄆᆞᆯ《チョッタマル》〔赤毛馬〕」など済州の馬の名称、済州の伝統的鞍、済州の牛馬の烙印などもモンゴルの影響から始まったと言います。

ともかく、耽羅の民とモンゴル人の「哈赤」が互いに影響を与え合いながら牛馬などを育てるようになってからは、金錫翼の『耽羅紀年』忠烈王二六年条に「馬が大いに繁殖し山野に満ちた」と記録されるほど牛馬飼育の規模が大きくなり、牧畜関連の献上品などの産出も大幅に増加するなど、済州の牧畜業が大いに発達することになります。

山村の形成

モンゴルとの出会いから始まった牧畜業の発達は、済州の中山間地域の村の形成をも加速しました。済州では先史時代から海岸地帯に村が作られていました。高麗前期も済州の農業生産力は農耕だけでは暮らせないほど低かったため、済州の人々は農耕地と海を行き来して半農半漁形態の生業活動をするよりほかありませんでした。その上、農耕に適した土壌と水源も海岸地帯に集中して分布していました。また、済州には高麗前期までは、海岸から遠く離れた山村はほとんどありませんでした。ところが、休閑農法が行われるなど、農業生産力が発展すると共に農耕地が中山間地域へと徐々に拡大し始めます。

済州の中山間地域の村はおおよそ一四世紀初め頃から形成され始めたものと考えられています。この時期は耽羅の牧場がモンゴル帝国の一四の国立牧場の一つに見なされるほど牧畜が盛んだった時でした。

農耕の発展、拡大傾向に、モンゴルによる牧畜業の成長と人口流入があいまって、山村形成が加速していったのです。

これにより、済州の村は住民たちの生業活動が半農半漁形態の海村と、半農半牧の山村へと大きく分かれることとなります。

三倍近くに膨らんだ人口

済州とモンゴルの出会いは、済州に人口の大幅増加という変化をもたらします。モンゴルの直轄地となった頃には一万二二三人に過ぎないと記録された耽羅の民が一三七四年（恭愍王二三年）には三万人前後にまで増加したのです。

済州とモンゴルの出会いは、対立と葛藤関係へと続く場合も多くありましたが、かなりの数のモンゴル人が済州に渡って来て定着し、済州の人々と共に暮らしました。その中で、直接的な交流も日常的に行われていたのです。

モンゴル人が済州に入って来るようになったのはモンゴルが済州を直轄地にした一二七三年（元宗一四年）以降のことです。その際モンゴルは七〇〇名のモンゴル軍を駐屯させ、モンゴル人の役人も派遣しました。その後もモンゴルが送った兵士は徐々に増加し、一二九四年（忠烈王二〇年）に済州が一旦高麗の支配に復帰した頃には、少なくとも一四〇〇名のモンゴル軍が駐屯していました。兵士だけでなく、モンゴル本国の罪人一七〇余名も一二七七年（忠烈王三年）以前に済州に入って来ており、その後も王族、官僚などが流刑となってやって来ました。

モンゴルが済州に設置した牧場を管理する「哈赤」、すなわち牧胡も少なからず済州に入っていました。彼らは耽羅に牧場が設置された一二七六年（忠烈王二年）以降の早い時期から済州に入り始めました。

一三六六年（恭愍王一五年）以後にも、モンゴルは当時のカーンであった順帝トゴンテムルが避難するための宮殿を建設するため、大工などかなりの数のモンゴル人を済州に送りました。

このように、一二七三年から済州に入り始めたモンゴル人は恭愍王《コンミンワン》の時代（一三五一～一三七四年）になると、自分たちで集まって暮らす部落をすでに形成するほど、かなりの人数がそこに定住し、または長期間暮らしていたのです。当時モンゴル人は済州を「楽土」（『高麗史』「恭愍王世家」）と考えていたくらいですから、済州社会のモンゴル勢力がどの程度の規模で、済州での暮らしがどのようなものだったのか想像に難くありません。

済州の姓氏や先郷（始祖の地）からも相当数のモンゴル人が済州で暮らしていたことがわかります。『新増東国輿地勝覧』が編纂された一六世紀前半までに済州地域に暮らしていた住民の姓氏の中には、モンゴルの「元」を起源とする趙・李・石・肖・姜・鄭・張・宋・周・秦などや、明が流刑に処したモンゴルの王族で雲南を起源とする梁・安・姜・対などがあったという記録が『新増東国輿地勝覧』「済州牧・姓氏」に見えます。これらの姓氏を持つ住民たちは済州がモンゴルの直轄地になった後、済州にやって来て暮らしていたモンゴル人、あるいは彼らと済州の女性の間に生まれた末裔たちだったのでしょう。

済州の人口は、モンゴルとの出会いの以前の一三世紀前半以前から、他地域からの人口流入が徐々に増える傾向にありましたが、モンゴルの直轄地となっていた間にやって来たモンゴル人が済州の女性とも結婚したため、さらに増加したのです。

当時、モンゴル人との婚姻は全国的な現象で、王室自体がそうだったのです。高麗の王はモンゴルの皇女と結婚しなければならず、王位継承権もモンゴルの皇女が生んだ王子が優先順位を持っていました。また、モンゴルのカーンが高麗の女性との婚姻に関して指針を通達するほど、高麗の半島地域に来ていたモンゴル軍の中にも高麗の女性と婚姻していた者が少なからず存在したのです。

済州の場合、済州の人々とモンゴル人の関わりが一〇〇年あまり続き、済州社会の主導権もモンゴル人が掌握していた時期でしたから、牧胡らモンゴル人と済州の女性の婚姻は徐々に増えていたようです。そうなると、モンゴル人と済州の人とのハーフもかなり生まれていたはずで、彼らもまた元や雲南を起源とする姓氏を名乗っていたことでしょう。このように、モンゴル人や、モンゴル人と済州の女性の間に生まれた人々が済州で同化・吸収されていき、済州の人々と共に暮らしたのです。彼らから済州の人々が受けた文化の影響は少なくありませんでした。

済州の行政単位の母胎となる

一二九五年（忠烈王二一年）に済州の行政単位が済州牧に改編されます。当時高麗の「牧《モク》」は現在の「道《ド》」あるいは「広域市《クァンヨクシ》」にあたる最上級の地方行政単位でした。さらに済州は、守令《スリョン》層（上位の地方官）として牧使《モクサ》（三品《プム》〔1〕以上）と副使《プサ》（四品以上）、そして属官《ソックァン》（下位の地方官）にあたる判官《パングァン》（六品以上）、司禄参軍事《サノッチャムグンサ》（七品以上）、掌書記《チャンソギ》（七品以上、司禄参軍事兼職）、法曹《ポプチョ》（八品以上）、医師《ウィサ》（九品）、文師《ムンサ》（九品）など七名の地方官・属官を有することになります。

モンゴルの直轄地になる前の済州が最も多くの地方官を迎え、高い邑号〔2〕である「州」を有していたのは一二一三年（高宗一〇年）から一二七三年（元宗一四年）まででした。その間は守令副使（六品以上）、属官層にあたる判官（七品）と法曹（八品以上）などが来ていました。その時の済州社会は、この三名の地方官が、済州の政治を執り行う官庁に参与した星主や王子といった土着勢力と協力し充分統制することのできる規模だったのです。

一二九五年に済州牧への改編と共に七名の地方官が派遣されたのは、済州社会の規模がそれだけ大きくなったためでした。

一三〇〇年（忠烈王二六年）には済州の行政単位が分化・拡大され改編されました。この時済州地域は済州牧を中心に、東側には新村《シンチョン》、咸徳、金寧《キムニョン》、兎山《トサン》、狐児《ホア》（南元邑新礼里《ナムオンウプシルレリ》・下礼里《ハレリ》）、猊来《イエレ》、烘爐《ホンノ》（西《ソ》帰浦《グィポ》市西烘洞《ソホンドン》・東烘洞《トンホンドン》）などの県が、そして西側には貴日《グィイル》、高内、涯月、郭支《クァクチ》、明月、遮帰《チャグィ》（翰京面高山

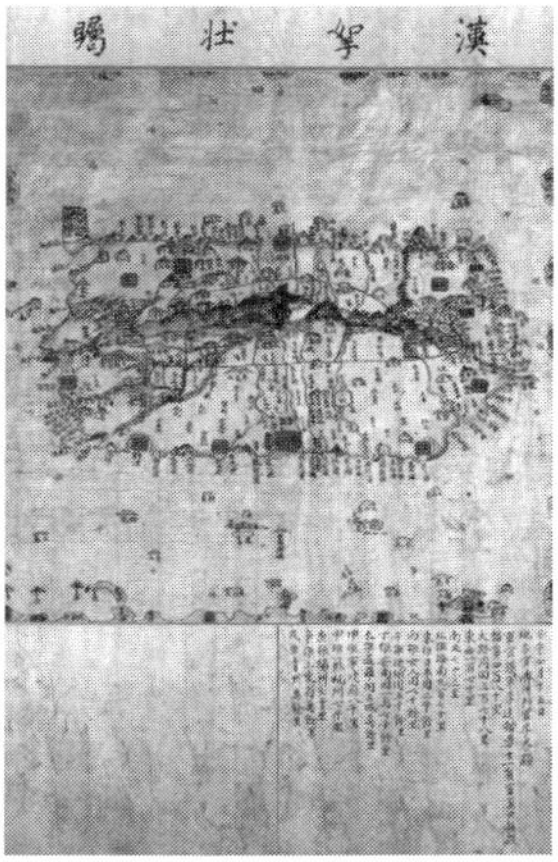

図４：『耽羅巡歴図』の「漢拏壮矚」（所有・提供：済州市庁）

里）、山房《サンバン》（安徳面《アンドクミョン》一帯）などの県が作られました。これに、すでに一二一一年（熙宗七年）に置かれていた帰徳県《クィドクヒョン》を合わせ、済州地域の行政単位は主県たる済州牧と、主県が管轄する属県一五から構成されることになったのです。当時の名称の多くは今も済州の行政単位の呼称として引き継がれています。

済州地域の行政単位が済州牧を中心に、東側と西側合わせて一五の県に分化・拡大したのは、耽羅の東側と西側にモンゴルが設けた牧場があったためで、それにより済州社会の経済力と人口などの規模が以前よりも拡大したからでした。

済州とモンゴルの出会いが耽羅における牧場の設置などをもたらし、それがきっかけとなって始まった済州の人々とモンゴル人との交流は、済州社会の規模を拡大させ、行政単位の改編の要因となりました。そして、この時の改編が朝鮮時代を経て、今日まで続く済州の行政単位の母胎となったのです。

〔1〕「品」は高麗の位階の単位。「三品」は日本で言う「(正／従) 三位」のようなもの。
〔2〕「邑号」とは、高麗時代に各郡県が持っていた名称を言う。高麗時代の各郡県は、州・府・郡・県の呼称が付いており、これらの郡県の名称は、州・府・郡・県の順に序列が付けられていた。

法華寺《ポップァサ》、国際的寺刹として再建に

仏教がいつ頃済州に入って来たのかは定かではありませんが、高麗時代にはかなり広まっていたようです。水精寺《スジョンサ》、妙蓮寺《ミョリョンサ》、逝川庵《ソチョナム》、普門寺《ポムンサ》、法華寺《ポップァサ》、元堂寺《ウォンダンサ》などの寺刹は、高麗時代には済州にあったとされています。この中でモンゴルと関連のある寺は法華寺と元堂寺です。特に法華寺はモンゴルから非常に手厚い保護を受けた寺でした。

法華寺の創建の時期は不明ですが、発掘調査の際に出土した遺物から判断して、一二六九年（元宗一〇年）から一二七九年（忠烈王五年）の間に再建されたことが明らかになっています。

法華寺再建が始まった一二六九年はモンゴルが済州を直轄地にする四年前、そして完成した一二七九年は直轄地になって五年後です。再建時期の高麗・モンゴル関係や出土品から推測すると、再建は高麗王室の発案で始まったものの、完成に至るまでの工事の本格的な推進はモンゴルが主導していたと考えられます。

法華寺では観音信仰が行われ、高麗王室も観音を信奉していました。高麗王室は国家安泰と王権強化のためモンゴルのカーンの歓心を買おうと法華寺再建の計画実行に着手しましたが、その後、元宗の廃立、三別抄の対モンゴル抗争など急激な情勢の変化により、工事は滞ってしまいます。それをモンゴルが引き継ぎ、本格的に進めることになったのです。モンゴル皇室もやはり観音信仰を行っていたことから、済州に派遣したモンゴル人のための宗教的安息所を作るという目的や、済州をより効果的に支配、経営しようという意図もあったことでしょう。そして法華寺が南宋や日本への海路の要衝の地である済州西南部の海岸地帯の近くに位置していたという点も重要な要因となっていたことでしょう。

再建後、法華寺はモンゴル皇室の願刹《ウォンチャル》〔建立者が本願成就や故人の冥福を祈る寺〕となり、済州に派遣され、居住していた多くのモンゴル人が訪れる宗教的安息所として定着していきます。

法華寺は、済州が一時高麗の支配に戻っていた忠烈王二〇年から二六年（一二九四～一三〇〇年）には、高麗の裨補寺刹《ピボサチョル》〔国家の所願成就を祈る寺〕にも定められます。高麗時代の裨補寺刹は国運隆盛と王室繁栄を祈願するという名分のもと、国家から手厚い保護を受けていました。法華寺の裨補寺刹としての位はモンゴル支配による済州社会の変化と相まって高まり、モンゴル人だけでなく、彼らと結婚した済州の女性やその間に生まれた子女、そして土着民までもが信仰のために寺を訪れていたものと思われます。政治的だけではなく、様々な面で、法華寺はかなり位の

写真 **34**：法華寺址発掘現場

写真 **35**：法華寺址の大型柱礎石

高い寺刹として繁栄していったのです。

寺刹としての地位を背景に、法華寺はモンゴルの済州社会支配を支える役所としての機能も担うようになりました。モンゴルの順帝トゴンテムル・カーンが一三六六年（恭愍王一五年）頃から耽羅に建設を始めたという避難宮殿も法華寺の境内にあったと見られています。

結局、法華寺は護国仏教を掲げる高麗とモンゴルの国家的立場が作り上げた国際的寺刹としての地位を保ち、モンゴルが支配していた一三世紀後半から一〇〇年余りの間、宗教面のみならず、政治・社会の面においても済州社会の求心点の役割を担ったのでした。

済州とモンゴルの出会いに始まった法華寺の存在と地位もまた済州とモンゴルの交流が直接的かつ日常的に行われていたことを示しています。済州の文化からモンゴル的要素を排除できない理由の一つがここにあります。

◆関連遺跡めぐり

○済州馬《チェジュマ》放牧地――済州の馬の血統を今に伝える

済州馬放牧地へは俗に五・一六道路と呼ばれている第一横断道路に沿って行きます。広大な草原に済州馬が三々五々対になってのんびりと草を食む穏やかな光景がそこにあります。ここで放牧されている馬は済州の在来馬のうち、天然記念物に指定され、保存・管理されていたり、「済州馬登録管理規定」に登録されている「済州馬」です。

写真 **36**：済州馬放牧地

済州馬は平均身長が一一六センチメートルほどの中間体躯の馬で、丈夫な体質を持ち、病気に対する抵抗力や生存力が強い馬です。特に、蹄が緻密で固いのが特徴で、性格はおとなしく粘り強い気質なので、一日あたり三二キロメートル進む強行軍を二二日間続けても耐え抜くとのことです。

現在は済州の在来馬については「済州馬」という名前に統一していますが、昔は済州馬はもちろん、耽羅馬《タムナマ》、済馬《チェマ》、土馬《トマ》、国馬《クンマ》、チョランマルなど様々な名前で呼んでいました。

いつから済州に馬が住んでいたかは定かではありません。紀元前一世紀から紀元後五世紀の洞窟入口にある住居跡遺跡にあたる、翰林邑月令里《ウォルリョンリ》ハンドゥル窟で馬の骨が見つかったことから考えると、先史時代からすでに馬を育てていたものと思われます。この頃の馬は果樹の下を通れるほど身長が小さかったことから「果下馬《クァハマ》」と呼ばれていた種ではないかと推定されます。紀元前一世紀から紀元後七世紀頃、扶余《プヨ》を始め、高句麗《コグリョ》、百済、新羅《シルラ》地域などでも広く育てられていた馬種でした。

朝鮮半島に果下馬が伝来した後、北方遊牧民の粛慎《スクシン》・靺鞨《マルカル》・東沃沮《トンオッチョ》などを通じて、種の定かではない中型の良馬が入ってきました。その一方で、匈奴・契丹・女真などを通じて胡馬《ホマ》と呼ばれる大型・中型の種も続いて入ってきました。そのため、高麗時代には外来種である胡馬と在来種である郷馬《ヒャンマ》という二つの種が存在していました。郷馬は果下馬、あるいは果下馬の改良種であったものと思われます。『高麗史』「文宗世家」には「耽羅が文宗二七年（一〇七三年）に名馬を中央へ献上した」という記録が出てきます。その時すでに済州にも胡馬が入ってきていたのでしょう。そしてモンゴル支配期に胡馬系統のモンゴル馬と西域馬が本格的に流入し、繁殖を行うようになります。この頃の済州には大型・中型のモンゴル馬と西域馬がかなり増加し、その馬と在来馬が交雑した結果、以前よりやや大きい馬が生まれるなど、様々な品種と大きさの馬が存在していました。

モンゴルによって済州の馬の数が大幅に増加してからは、済州からは搬出だけが続き、新たに入ってくることはありませんでした。さらに済州では、種馬以外の牡馬を去勢するというモンゴルの去勢術を行わなかったので、馬の交雑が多く起こりました。それから時が過ぎ、胡馬系統の馬は自然退化し、小柄な馬だけが残りました。

つまり、今の済州馬は五世紀頃以前から済州にいた果下馬が、高麗時代に入ってきたモンゴル馬や西域馬などの胡馬と交雑して生まれた混血馬なのです。済州の馬の産出は高麗前期以前から行われていましたが、済州が「馬の本場」と呼ばれるようになったのはモンゴルとの出会い以降のことで、それが朝鮮時代を経て今日に至るまで続いているのです。

済州馬を観察してみると、毛の色はほとんどが栗毛系統ですが、その中にも様々な種類があること

がわかります。馬の毛色によって、済州の人々が呼び分けている名前は非常に多彩で興味深いものです。その呼び名を始め、馬関連の語彙の中にもモンゴルの痕跡が見受けられます。調査の内容の一部をここに紹介します（呉昌命《オチャンミョン》二〇一〇年調査資料「제주어에《済州語に》 남아《残り》 전하는《伝わる》 몽골어《モンゴル語》 차용어《借用語》」によって整理）。

가레물《カレマル》、가라물《カラマル》：全身黒毛の馬
먹가라《モッカラ》：非常に真っ黒な馬
추가라《チュガラ》：黒みがかった茶褐色の馬
월 레물《ウォルレマル》、월라물《ウォルラマル》：まだらの馬
검은 월라《コムンウォルラ》：黒毛に白斑がある馬
노린 월라《ノリンウォルラ》：黄色に白斑がある馬
간전이《カンジョニ》：栗毛で額と頬が白い馬
씰간전이《シルカンジョニ》：栗毛で額に白い線がある馬
고라물《コラマル》：背に黒い毛がある黄色い馬
구렁물《コランマル》：栗毛の馬
아질게물《アジルゲマル》：子馬。「아질게《アジルゲ》」は「子供」あるいは「幼いもの」という意味の中世モンゴル語「ajirγa〔アジルガ〕」の音を借用したもの。
적 데물《チョッテマル》、적다물《チョッタマル》：赤毛の馬

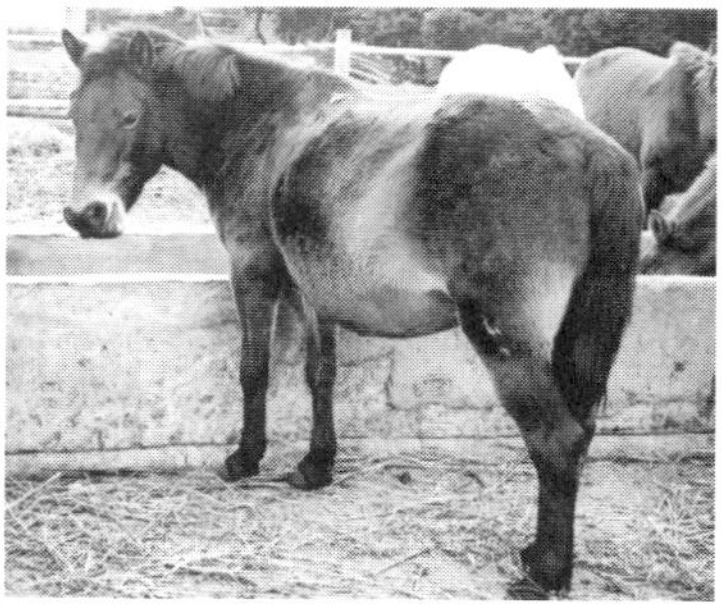

写真 **37**：コウルマル

写真 **38**：ユメ、ユマ、ユメマル

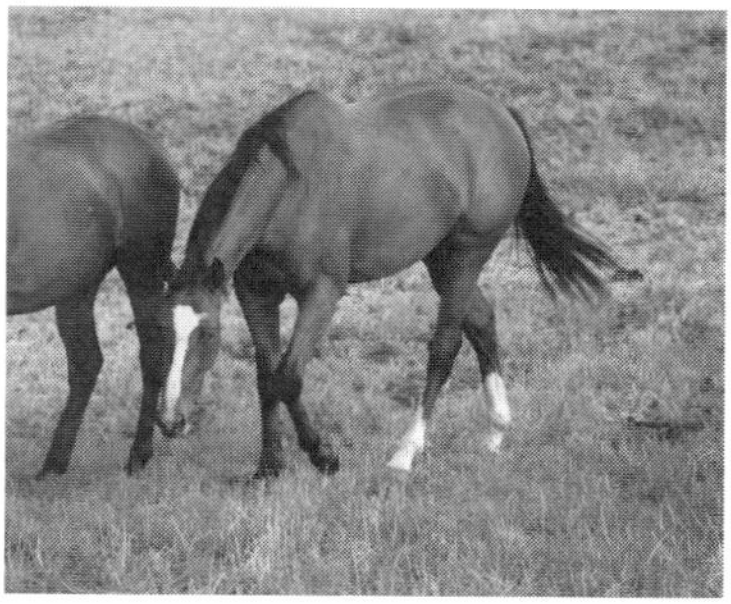

写真 **39**：シルカンジョニ

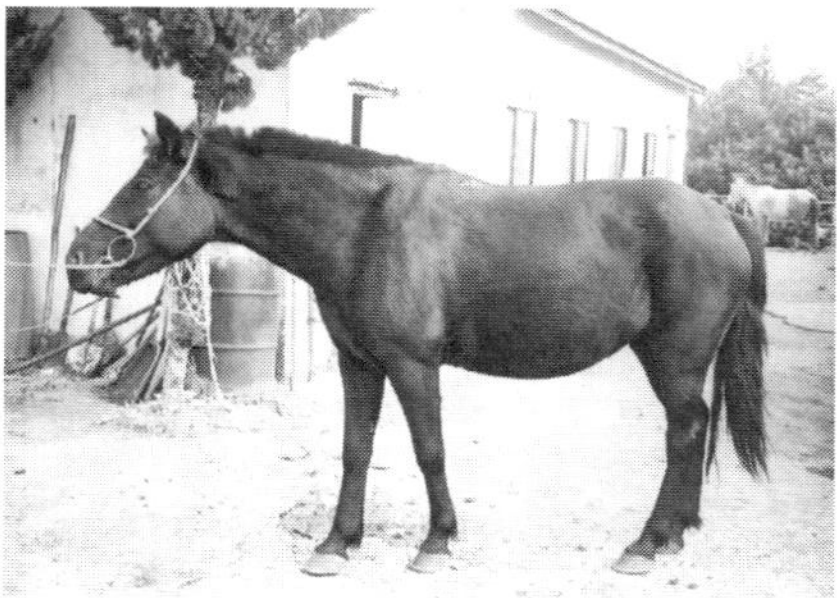

写真 **40**：カレマル、カラマル

写真 **41**：コチジョッタ

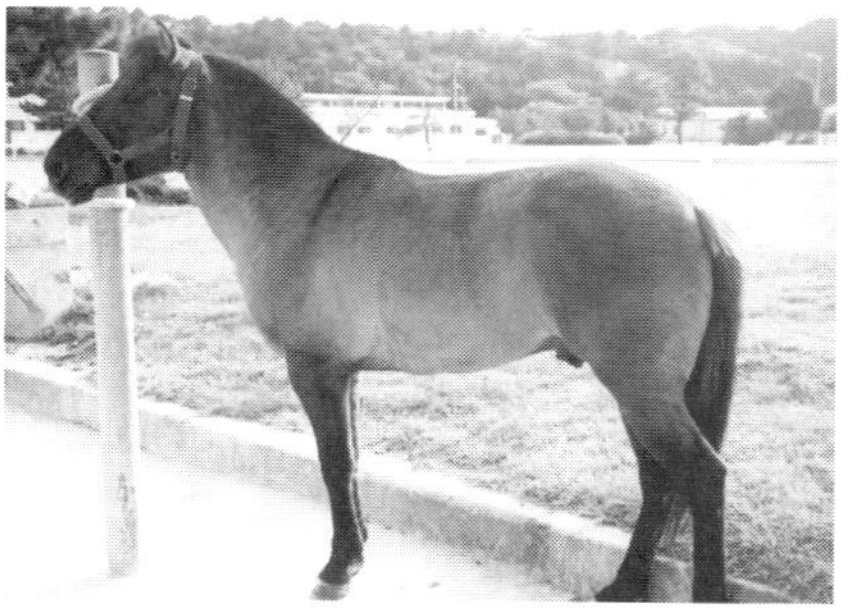

写真 **42**：コラマル

고치적다《コチジョッタ》：非常に濃い赤毛の馬
구렁적다《クロンジョッタ》：赤みがかった栗毛の馬
초적다《チョジョッタ》：淡い薄紅色の馬
거울ᄆᆞᆯ《コウルマル》：白に青黒色が混ざった馬、または足首が白い馬
유매《ユメ》、유마《ユマ》、유매ᄆᆞᆯ《ユメマル》：たてがみが黒く、腹が白ないし褐色の馬
부인유마《プインユマ》、부흰유매《プヒンユメ》、부은유마《プウンユマ》：毛色が淡く、若干白みがかった馬
청총이《チョンチョンイ》、청총마《チョンチョンマ》、청총매《チョンチョンメ》、청초마《チョンチョマ》：たてがみと尾が薄く青みがかった馬

写真**43**：クロンジョッタ

写真**44**：プインユマ、プヒンユメ、プウンユマ

写真**45**：チョッタウォルラ（赤毛に白斑がある馬）

○済州牧場発祥の地、水山坪《スサンピョン》——大水山峰《テスサンボン》から眺める

まずは西帰浦市城山邑古城里に行き、村で「クンムルメ〔大きいムルメ〕」と呼ぶ大水山峰《テスサンボン》に登りましょう。大水山峰は高さ一〇〇メートルほどでかなり勾配のあるオルムですが、散策コースが良く整備されており気軽に登ることができます。以前はなだらかで肥沃な草地だったということですが、現在は松が密生した林になっています。このオルムのもともとの名前は「물메《ムルメ》」で、この名の通り湧水池があったのですが、胡宗旦《ホジョンダン》〔高麗の睿宗《イェジョン》の厚遇を受けた帰化人の風水家〕が済州島の水脈の気を断ちに来た際、この水脈まで断ってしまい水が涸れてしまったという伝説が残っています。近くにはムルメと名が付くオルムがもう一つあり、そちらは「チャグンムルメ〔小さいムルメ〕（小水山峰《ソスサンボン》）」、こちらが「クンムルメ〔大きいムルメ〕（大水山峰）」と呼ばれています。

オルムの頂上にはこんもりと盛り上がった所があります。朝鮮時代に設置されていた軍事用通信施設である烽火台の跡です。ここに立って辺り一面を眺めていると思わず感嘆の声がもれるほどです。済州島東部はもちろん、遙か遠くの海まで広大な大自然が目の前に広がっているからです。

大水山峰を中心に広がる一帯が水山坪です。一二七六年（忠烈王二年）、当時の耽羅に置かれた官府の最高責任者「ダルガチ〔達魯花赤〕」として赴任してきた塔剌赤《タラチ》(3)が、モンゴルからモンゴル馬一六〇頭を連れてきたことから始まった済州の牧場の発祥の地です。翌年には牧場は西側の翰京面高山里一帯へと拡大します。これらの牧場では馬だけでなく、ラクダ、牛、羊、キバノロ、ロバなども一緒に飼育していたと言います。特に馬が良く繁殖すると、モンゴルはその後も続けて馬を連れてきま

した。『高麗史』「地理志・全羅道・耽羅県」には、忠烈王二六年（一三〇〇年）には、モンゴルの皇太后の厩舎の馬も放牧したという記録があります。この頃、耽羅の牧場は東阿幕・西阿幕と呼ばれており、すでにモンゴルの一四の国立牧場のうちの一つとして位置づけられていたのです。

写真46：大水山峰一帯

写真47：水山坪一帯の榠池

〔3〕現代中国普通話の漢字音に従ってカナを振っておいたが、この人物の正確なモンゴル名はよくわからない。現代韓国語での漢字音は「タプラルチョク」である。

○烈女鄭氏《ヨルニョチョンシ》之碑——モンゴル人牧胡と結婚していた

この碑の主人公である鄭氏は、高麗時代にモンゴル人の牧胡と結婚していた済州の女性です。ところが、その夫が一三七四年（恭愍王二三年）に起きた牧胡の乱とその平定の最中に死んでしまいます。当時鄭氏の年は二十歳。若く美しい上に牧胡の夫との間には子供もなく、済州に来た高麗の安撫使《アンムサ》と軍官たちの目に留まり、無理矢理連れて行かれそうになりましたが、鄭氏は死を覚悟してそれを退けたのです。その後も多くの誘惑があり、親戚たちも再婚を勧めましたが、最後まで夫への節義を守り、独り身のまま七〇歳で世を去ったと言います。このことが広まり、鄭氏は烈女（苦難や死を冒して貞節を堅く守り、他人の模範となるような女性）として称賛を受けます。それで、鄭氏が確認できる済州の烈女の中で最初の女性としての位置を占めることになったのです。

写真 **48**、**49**：烈女鄭氏之碑

烈女鄭氏の話はモンゴル支配期に済州の女性とモンゴル人の婚姻が済州社会では一般的だったこと、そして抵抗なく受け入れられていたことをうかがわせます。

今の烈女鄭氏碑は一八三四年（純祖三四年）に建てられましたが、もともとは南元邑のいわゆる鄭碑《チョンビ》池《モッ》にあったそうです。鄭碑池という名前も、この碑石に由来したものとのことです。道路拡張工事などにより二〇〇六年から漢南里《ハンナムリ》役場に保管されていましたが、五〜六年後にはこの役場の中庭の孔徳《コンドク》碑《ビ》跡に移されました。

碑文の内容を翻訳すると以下の通りです。

〈碑陽〉高麗時代、石谷里甫介の妻は哈赤の乱でその夫が死んだが、鄭氏は年が若く、子供もなく、美しかった。安撫使の軍官が無理矢理妻にしようとしたが、鄭氏は死を覚悟し剣を抜き自決しようとしたので、ついに妻にはできず、〔鄭氏は〕老いても結婚しなかった。

〈碑陰〉牧使韓公（韓応浩《ハンウンホ》）が特別に糧穀を与えて石碑を作り直した。到る処見て回り、古跡を修復して下さったので、その恩恵にまた絶えず襟を正さざるを得ない。

道光十四〔一八三四・純祖三四〕年三月　日〔4〕

〔4〕原文は以下の通り。／は改行。〈碑陽〉「烈女鄭氏之碑」「高麗石谷里甫介之妻哈赤／之乱其夫死鄭年少無子有／姿色安撫軍官強欲娶之／鄭以死自誓引刀欲自刎竟／不得娶至老不嫁事」。〈碑陰〉「牧使韓公　特下後粮改造石碑　到処見聞重修古跡　莫非其恵　且矜無后／道光十四年三月　日」。石谷里甫介の「石」は姓、「谷里甫介」はモンゴルに由来する名と思われるが、「谷里甫介」の適切な読みは不明である。

○法華寺《ポップァサ》――済州で最も華麗だった寺刹

青い芝生が広がる境内には復元された寺の建物があります。九品蓮池《クプミョンジ》という池もまた新たに復元され、睡蓮が水面に浮かんでいます。境内と池の周りを一周すると、かなりの時間がかかるほどの広さです。

法華寺は水精寺、元堂寺とともに高麗後期の済州地方の代表的な寺刹でした。特に法華寺は裨補寺刹として一四〇八年(太宗八年)以前では寺刹奴婢が二八〇名も存在した、済州島で最も大きな寺でした。一九八二年から一九九七年まで八度に亘って法華寺址の発掘調査が行われました。これによって高麗時代の建物跡六カ所と朝鮮時代の建物跡四カ所、草屋関連施設、階段、廃瓦穴、花壇、建物間の歩道などが確認され、一三世紀から一五世紀頃の遺物が多く出土しました。

発掘調査時に、「至元六年己巳始重創　十六年己卯畢」という文字が刻まれた瓦も出てきました。「至元」はモンゴルの年号で、至元六年は西暦だと一二六九年です。つまり法華寺はそれ以前からあった寺で、一二六九年(元宗一〇年)に再建が始まり、一二七九年(忠烈王五年)に完成したということなのです。

龍と鳳凰の模様が彫られた軒丸瓦も出てきました。この軒丸瓦は高麗時代、王室の建物でなければ使えなかったものであり、現在のロシア連邦シベリア連邦管区ザバイカリエ地方ボロジャ地区のコンドゥイ村にあるモンゴル帝国時代の宮殿跡で発掘された軒丸瓦と形が似通っていることから見て、モンゴルから入ってきたものらしいということです。高品質の青磁や青銅の灯蓋なども出てきました。大きな礎石や大型建築物跡も確認されました。記録によると、モンゴルの「良工〔腕利きの職人〕」が作った銅造弥陀三尊像も安置されていました。これだけでも当時再建された法華寺がどれだけ重要なお寺だったのか想像に難くありません。印花粉青《イヌアプンチョン》〔粉青は朝鮮の磁器の一種〕などの各種粉青沙器類、朝鮮青磁などの遺物も出土しており、朝鮮初期まで重要寺刹であったことを物語っています。

法華寺址は大きく、建物跡と池跡の二つの区域に分かれています。そのうち建物跡とその他の施設の重複関係や出土品から考えて、おおよその変化は四期に分けられます。

第一期（?〜一二六九年頃）は基本的な寺刹建築物が建つ一二六九年以前の時期です。

第二期（一二六九〜一四〇〇年頃）はモンゴル関連の特殊建築物があった時期であり、法華寺の全盛期です。

第三期（一四〇〇〜一六〇〇年頃）は金堂、法堂、僧坊や階段、塀があった時期です。

第四期（一六〇〇年頃〜）はかつて威容を誇っていた寺刹建築物が徐々に消えてしまい、草屋だけが残りその命脈を保っていた時期です。

写真 **50**：現在の法華寺内の九華楼と九品蓮池

蓮池区域には第一期からすでに自然の池があり、第二期になって寺の建築物との調和を考え作られましたが、第四期にはその機能を失ったと考えられています。

写真 **51**：法華寺址出土雲鳳紋雄瓦

写真 **52**：法華寺址出土雲龍紋雌瓦

写真 **53**：法華寺址出土蓮瓣紋雄瓦

『朝鮮王朝実録《チョソンワンジョシルロク》』太宗六年四月二〇日条には、明が済州の法華寺にある弥陀三尊像を要求した事件とともに、太宗八年二月二八日条には、一四〇八年（太宗八年）に法華寺所属の奴婢二八〇名を三〇名に減らしたという内容が記録されています。一三世紀中頃から一四世紀末までモンゴルの後援を受け済州で最も華麗な寺刹建築の地位にあったかつての法華寺の姿を、復元された大雄殿周辺に見ること

写真 **54**：法華寺址出土銘文瓦片

写真 **55**：現在の法華寺大雄殿

ができます。以前の法華寺の建物に用いられていた瓦の欠片や石造物が一カ所に集められており、一見の価値はあります。特にずらりと並べられた大きな礎石にかつての法華寺の雄壮華麗な姿がしのばれます。

○元堂《ウォンダン》寺《サ》址五層石塔——モンゴル奇《キ》皇后の伝説の寺

三陽洞《サミャンドン》元堂峰《ウォンダンボン》の麓から少し入った所にある仏塔寺《プルタプサ》の中に入りましょう。寺の正門を入り右手に進むと高さ四メートルほどのかなり大きな石塔があります。宝物〔韓国の重要有形文化財〕第一一八七号に指定されている「仏塔寺五層石塔」です。ここはもともと高麗時代以来済州の三大代表寺刹の一つだった元堂寺があった所です。そのため、「仏塔寺五層石塔」を一般に「元堂寺址五層石塔」と言うのだそうです。

写真56：仏塔寺五層石塔

昔からの言い伝えによると、元堂寺はモンゴル帝国に貢女《コンニョ》として連行されたものの皇后にまで上り詰めた高麗出身の奇氏が建てたものと言われています。話の内容もそれらしきものです。世継ぎが生まれず悩んでいた奇皇后に、ある日僧侶が秘法を授けます。北斗七星の気脈が射す三畳七峰に寺を建て、供養しなければならないと言うのです。そこで天下をくまなく探したところ、元堂峰が適地ということで、供養を行うと皇太子が生まれました。これ

写真 **57**：元堂寺址標石

に感謝して元堂寺を創建させたということです。石塔は全体的に高麗後期の石塔様式を連想させ、元堂寺址発掘調査の際、高麗時代の建物跡と陶磁器の欠片などが確認されたそうです。

元堂寺と石塔が建てられた理由を奇皇后と結び付けるのはやや誇張があるかもしれませんが、創建時期はモンゴルの済州支配期で、創建を主導した集団はモンゴル人であったと考えられます。

「元堂寺址五層石塔」は済州ではよく見られる黒い玄武岩で作られたためか、素朴で馴染みのある感じを受けます。玄武岩は済州で最も入手しやすい石ですが、玄武岩で造られた仏塔は世界で唯一この石塔だけなのだそうです。この石塔はそれだけ済州の土着性を強く有した独特の文化遺産なのです。外の文化を受け入れても自らが置かれた自然環境に合わせて受容し、定着させる済州文化の一面を垣間見せてくれます。

4. モンゴル支配一〇〇年に終止符、崔瑩《チェヨン》将軍の牧胡《モッコ》討伐

モンゴルの衰亡

中国本土を中心に東アジアのほぼ全域を支配し、栄華を極めたモンゴル人の国家元朝は権臣たちの度重なる政争により国内政治に緩みが生じると、その隙をついて漢人が各地で反旗を翻すなど、大小の暴動が起こり、衰亡の道へと進んでいきます。この時期、即位前の高麗の恭愍王は元の首都大都（現在の北京）で一〇年間過ごしていたことから、その兆しを直接目撃していました。

数十年に亘るモンゴルとの関係により、国家運営の矛盾が深刻化し解決できずにいた高麗もまた『高麗史』「李穀《イゴク》伝」に「国之不国」、すなわち「国家の形態は備えているが、その中身は到底国家とは言えない」と描写されるほど政治・社会・経済のすべてが荒廃していました。ここに自主性回復と内政改革を願う意識が醸成されていたのです。その願いに応えたいという意志を即位前から持っていた恭

愍王は即位後その機会をうかがっていました。

モンゴルが一三五三年（恭愍王二年）に漢人の張士誠らの起こした反乱の平定に失敗すると、恭愍王はモンゴルの衰亡を確信し、モンゴルの威を借りて強大な権勢を振るっていた奇轍《キチョル》（奇皇后の兄）ら「附元輩〔元寄りで元の威光を利用して力を付けた有力者〕」の要人とその近親たちを宮中の宴会に誘い出して亡き者とした後、準備を進めてきた反元政策を断行します。それは一三五六年（恭愍王五年）のことでした。

その後済州は反元政策に反旗を翻す牧胡勢力と高麗の直接対決の場となってしまいました。済州統治の主導権もモンゴルと高麗の間を何度も行き来します。

済州統治に参加していた土着勢力は、高麗やモンゴル、あるいは牧胡の影響力の強さによってすり寄る相手を変えていました。済州の人々は高麗の官吏による度重なる搾取に耐えかね蜂起するなど、かねてから高麗の官吏に対し反感を募らせることもたびたびあり、牧胡勢力側に傾きやすい状況にありました。

モンゴルは衰亡の道を辿りながらも済州には執着しました。一三六六年（恭愍王一五年）にはモンゴルの順帝トゴンテムル・カーンが避難する宮殿を建てるため、モンゴルの使臣が訪れ事前調査を行い、翌年には大工らを送り宮殿を建て始めました。当時済州にはモンゴル人が集まって暮らす集落がすでに存在していたほどモンゴル人が数多く暮らしており、牧胡勢力が済州統治の主導権を握っていました。彼らが済州を「楽園」と思っていたことからも、モンゴルが耽羅にどれだけ執着していたのか察するに余りあります。また、済州は中国大陸からはるかに離れた地域であることから、避難目的だけでなく、後日の再起を念頭に置いてのことではなかったかと思われます。

明の登場

一三六八年（恭愍王一七年）、モンゴルは首都を明の軍隊に奪われ、カーンとカトン〔皇后〕、皇太子らは上都〔元朝の夏の都〕に逃れます。そして高麗はモンゴルと断交し、明との国交樹立の手順を踏んでいきます。

一三六九年（恭愍王一八年）、済州では牧胡により高麗の官吏が殺害される事件が起こります。モンゴル人の元朝の事実上の滅亡から一年経った後でも高麗に対峙することができるほど、牧胡の勢力基盤は依然として健在だったのです。

一三七〇年（恭愍王一九年）、高麗は明と国交を樹立します。国交樹立直後には耽羅の処理について高麗の立場を明らかにした「耽羅計稟表」を送ります。この時高麗は、建国以来耽羅と関わりを持ち管轄してきたことを強調すると共に、モンゴルはただ馬の放牧のために耽羅の水と牧草を利用していただけであるという点を努めて主張しました。そしてモンゴルが放牧していた馬などは耽羅の民に育てさせてくれるならば明にも献上し、牧胡は高麗の良民とするという考えを伝えました。

高麗が早い段階で耽羅に対する立場を明らかにしたのは、中国の新たな主人となった明朝がモンゴルに代わり耽羅に対する権利を主張しようとするのを防ぐためだったと考えられます。特に耽羅の馬を献上するという誓いは、モンゴルが耽羅で馬を放牧し牧胡の管理で馬が増えたことを口実に、明朝が高麗を侵略するかもしれないと慮った恭愍王の意図と思われます。

一三七二年（恭愍王二一年）三月、高麗は明に献上する馬を確保しようと官吏を送りましたが、牧胡の反発と勢いに押されて馬を連れ帰ることができませんでした。

その年の四月に牧胡が反旗を翻したのですが、六月には耽羅の民が蜂起して牧胡を殺害します。牧胡勢力が盛んだった頃は彼らに同調していた耽羅の人々も、元朝の事実上の滅亡や、牧胡勢力に対し徐々に高まる高麗の圧迫などから、牧胡勢力を拒否し始めたのです。その年の一一月にようやく高麗は耽羅の馬を集めることができ、翌年には牧胡が明に送る馬とラバを高麗に納めるようになります。

しかし、その一年の間に高麗が明に献じた耽羅の馬はわずか四頭だったようです。恭愍王二二年に明が高麗に高圧的な態度で迫ったのですが、その点を叱責する内容も理由として挙げられていました。明は元朝の残余勢力の征伐に必要な馬を耽羅の馬で充当するためにも高麗を圧迫していたのです。

一三七四年（恭愍王二三年）、明は高麗に使臣を送り、耽羅で良馬二千頭を選び送るよう命じました。これに応えて高麗が馬を送ろうとしたところ、牧胡たちは、自分たちのカーンであるクビライが放ち育ててきた馬を明に献ずることはできない、と三〇〇頭だけ差し出します。

高麗に来た明の使臣は二千頭を満たすことを強く要求し、恭愍王はやむなく済州征伐を決め、同年七月、出征軍を編制します。

済州牧胡勢力の最期

済州出征軍は崔瑩《チェヨン》を総司令官とする精鋭軍二万五六〇五名と戦艦三一四隻で構成されます。出征軍以外にも予備部隊が京畿・忠清・全羅道地域にそれぞれ駐屯していたと言います。精鋭軍だけでも当時の済州の人口に匹敵するほど大規模なもので、後に国境地帯も加え動員を行った遼東（中国東北の遼河以東の地域）征伐軍三万八八三〇名と比べても大差ない兵力であったことから、当時高麗が済州の牧胡勢力をどれだけ強大なものと考えていたのかをうかがい知れます。事実、一三六六年（恭愍王一五年）に船一〇〇隻を率い牧胡平定に向かった高麗軍が撃退された経験から、これだけの規模も当然だったのでしょう。

写真 **58**：虎島

一方、済州の牧胡も出征軍に対峙する態勢を備えていました。耽羅の牧場の西阿幕を管轄していた牧胡の石迭里必思《デルビス》、肖古禿不花《クトゥブカ》、観音保らが牧胡勢力の領袖でした。彼らは騎兵三〇〇〇余名と大勢の歩兵を率い、済州西部の明月浦に布陣しました。牧胡軍の兵が数千名にも及んだのは、当時村を作り暮らしていたモンゴル人や、彼らと結婚した済州女性との間に生まれたハーフに加え、高麗の官吏による度重なる搾取に反感を抱いていた済州の人々も加勢したためと思われます。

一三七四年（恭愍王二三年）八月、明月浦の沖に到着した崔瑩は牧胡に降伏を呼びかけた後、まず戦艦一一隻の兵を海岸に上陸させました。しかし待ち構えていた牧胡軍がこれをすべて殺害してしまいます。恐れおののいた済州出征軍が次の攻撃命令にためらいを見せると、崔瑩はある下級将校の首をはねて引き回しました。済州出征

写真 **59**：暁星岳

軍は最精鋭の大規模な兵力で構成されており、予備部隊も別に待機していたにもかかわらず、極度に緊張していたのでしょう。以前高麗軍を撃退した牧胡軍の戦闘力への恐れもありましたが、済州の人々はすべて牧胡と結託しているだろうという思い込みから緊張が高まっていたのです。

いずれにせよ、明月浦の戦いは再び火蓋が切られ、今度は牧胡軍が劣勢となります。その後牧胡軍は西南部の方へと押し込まれ、戦いは明月村《ミョンウォルチョン》（翰林邑明月里《ミョンウォルリ》）↓オルムビ（1）（涯月邑於音里《オウムリ》）↓パルグン（明るい）オルム（翰林邑上明里《サンミョンリ》）↓今勿岳《クンムルオルム》（翰林邑今岳里《クマッリ》）↓暁星岳《セビョルオルム》（涯月邑鳳城里《ポンソンリ》）↓猊来洞《イエレドン》（西帰浦市猊来洞）↓烘爐（西帰浦市東烘洞・西烘洞）↓法還浦口《ポップアンポグ》（西帰浦市法還洞《ポップアンドン》）↓虎島《ポムソム》と続き、一カ月余り昼夜を問わず激戦が続いたのです。

戦いで追い詰められた牧胡軍の領袖がついに西帰浦沖の虎島へと逃げると、崔瑩も船四〇隻を率いて直接虎島に攻め入ります。これに肖古禿不花と観音保は崖から飛び降り自殺し、石迭里必思は降伏します。しかし崔瑩は、石迭里必思のみならず彼の息子三人の首をはねて殺し、自殺した牧胡の遺体も探し出し首をはね開京へと送りました。

虎島の戦いの後、崔瑩は事態の収拾を図りましたが、東阿幕の牧胡である石多時万《ダシマン》、趙荘忽古孫（2）などが数百名を率いて城で抵抗し続けました。崔瑩は将兵を率いて城を攻め落とし、逃げる者をくま

写真60：崔瑩将軍祀堂安置の肖像画

なく探し出し、すべて殺害したのです。『新増東国輿地勝覧』「大静県・城郭」には、「わが同族ではない者が混じり、甲寅（一三七四年）の変を起こした。剣と盾が海を覆い、肝脳地に塗れた有様は胸が詰まる。」とあります。これは崔瑩の出征軍と牧胡勢力の戦いがあってから四〇年余り後に済州の人々から直接目撃談を聞いた所感の一部です。朝鮮時代の一四一七年（太宗一七年）から一四二〇年（世宗二年）まで済州牧判官として赴任していた河澹《ハダム》が記録したものです。当時の戦いがどれほど熾烈で凄絶だったのかを偲ばせます。

かくして崔瑩が出征軍を率い明月浦に辿り着いた一三七四年（恭愍王二三年）八月二八日から、平定を終えて済州を発った九月二三日までの二六日間に亘り繰り広げられた総力戦により牧胡勢力は影響力を失うことになり、済州の人々は大きな犠牲を払わねばなりませんでした。これにより、モンゴルの済州支配一〇〇年の歴史は終止符を打つこととなります。

〔1〕訳出にあたって、ここでの「オルム」は「山・岳・峰」の意のオルムではなく「於音非《オウムビ》」ないし「於翁非《オオンビ》」の音変化によるという説に拠った。http://jejuvill.net/index.php/contents/search?type=all&word=%BE%EE%B8%A7%BA%F1 参照。

〔2〕趙荘忽古孫の「趙」は姓、「荘忽古孫」はモンゴル由来の名と思われるが、「荘忽古孫」の適切な読みは不明である。

◆関連遺跡めぐり

○戦跡地経路―明月浦（瓮浦里海岸）→明月村（翰林邑明月里）→於音里→パルグンオルム（翰林邑上明里）→今勿岳（翰林邑今岳里）→暁星岳（涯月邑）→猊来洞（西帰浦市猊来洞）→烘爐（西帰浦市東烘洞・西烘洞）→法還浦口（西帰浦市法還洞）→虎島

写真61：明月浦（現・翰林港）

明月《ミョンウォル》浦《ポ》と明月村《ミョンウォルチョン》

明月浦は今の翰林邑瓮浦里海岸にある入り江です。一二七〇年の珍島三別抄の李文京部隊も、一二七三年に三別抄を征伐するためにやって来た高麗・モンゴル連合軍もこの入り江から済州に上陸しました。そして、モンゴル人の牧胡を討伐するため来た崔瑩将軍もこの入り江から上陸し、また戻っていったことを考えると、明月浦自体の歴史も実に多難です。

高麗時代の明月村は現在の翰林邑瓮浦里、明月里、上明里、東明《トンミョン》里《リ》、今岳里などを含めた地域一帯を指します。湧き水が湧く泉が豊富で、早くから村が形成された地域です。一三〇〇年（忠烈王二六年）、高麗が済州に一四の郡県を新たに設置した際に明月県《ミョンウォルヒョン》になりました。

現在の瓮浦里海岸に位置する入り江である明月浦は、一二七〇年に三別抄部隊、一二七三年に高麗・モンゴル連合軍、そして一三七四年には崔瑩将軍の出征軍などがやって来る度に戦いが起こったので、その度に明月村の住民たちは張り裂けそうな緊張感で不安と恐怖に震えなければならなかったでしょうし、また犠牲も少なくなかったことでしょう。

中山間地域に位置する今岳里の広い草原はモンゴルが設置していた牧場地帯の一部でもありました。朝鮮時代には「六所場《ソジャン》」〔3〕に編入されたと言います。

この村には「牧胡の子孫たちがあちこちに散在して暮らしているが、姓のわからない者が多く、村人たちと互いに助け合い、謹厳実直な生活をする者が多かった。済州の人々は牧胡の子孫たちの貧しい生活や無念なばかりの孤独感、浅ましさなどを和らげてやり、済州の人々と変わらない人間的な待遇をするために仕事を与え、また戸籍が無い者たちを養子として迎え、『率子（養って暮らす人）』に入籍させたりもした」という話が伝えられています。

今勿《クンムルオルム》岳

翰林邑今岳里南東側に位置するオルムで「黒《コムン》いオルム」とも呼ばれています。標高四二八メートル、高低差一八〇メートルとひときわ高く聳え、村を見下ろしています。見る方向によってその雰囲気は異なります。南北方向から見ると円錐形に、東西方向からは台形に見えますが、どこから見ても美しい姿です。道がよく整備されており、気軽に登れます。中腹から上はほとんど草地でゆっくり歩いて

〔3〕「所場《ソジャン》」とは済州島全島の放牧地の区画単位。済州島全島の放牧地は十区画に分けられており、「六所場」はその第六番目の区画を言う。

も三〇分ほどで頂上に到着します。楕円形の火口湖の「今岳潭《クマクタム》」が水をたたえています。このオルムは済州のオルムの中で数少ない火口湖があるオルムなのです。頂上からの三六〇度の眺望に自然と感嘆の声がもれるほどです。このオルムのどこで戦いがあったのか、想像は尽きませんが、美しい風景に酔いしれていると、古戦場だったという実感はあまり湧いてきません。

暁星岳《セビョルオルム》

暁星岳《セビョルオルム》は野焼き祭りで有名になったオルムです。標高五一九メートル、なだらかな草地で覆われており、美しい山容がそのまま現れている魅惑的な姿が目を引きます。二つ並んだ双子の峰は二達峰《イダルオルム》です。この二達峰から暁星岳を見ると大小五つの山が星形に広がって見えるので暁星岳というのではないかと思われるのですが、朝日を受けたり夕陽に染まった時に金星のようにまばゆい美しさを誇るというので、それもまた暁星岳の名の由来であるようにも思われます。

　暁星岳の頂上に立つと、済州の西部地帯が一望の下に見晴らせ、草原がどこまでも広がっています。於音非平原です。こののどかな草原が、かつて崔瑩将軍の軍隊が陣を張り、牧胡の軍隊と熾烈な戦いを繰り広げた所だ

写真 **62**：暁星岳の小正月の野焼き祭り

写真 **63**：暁星岳から眺めた於音非平原

とのことです。

○虎島《ポムソム》の戦い古戦場―モンゴル支配一〇〇年のピリオド

虎島は法還村の海岸から一・三キロメートルほど離れていますが、法還の入り江に立つとかなり近くに見えます。法還の入り江に、「幕宿《マクスク》」と「ペヨムジュリ」という地名が残っています。幕宿は崔瑩将軍の大規模精鋭軍が軍の幕舎を張って駐屯したということから、ペヨムジュリはここから虎島へ渡っていったということからついた地名です。ここは一〇〇年余り続いたモンゴルの済州支配に終止符を打つことになった実質的な終着地です。

牧胡征伐のため済州にやって来た崔瑩将軍の出征軍は牧胡軍と一カ月近く昼夜を問わず激しい戦い

写真 **64**：法還ペヨムジュリの入り江と虎島

写真 **65**：現在の幕宿一帯

写真 **66**：現在のペヨムジュリ一帯

を繰り広げます。戦いで劣勢に立たされた牧胡軍の領袖が虎島へ逃走すると、崔瑩の軍隊は虎島に面する法還の入り江に軍幕を張りました。そして戦艦四〇隻を繋げて結び、虎島へ渡り牧胡軍本陣を潰滅させます。それで軍幕を張って宿営した所は「幕宿」という地名が、船を繋いだ所には「ペヨムジュリ」ないし「ペヨンジュリ」〔「배《ペ》」は「船」、「염《ヨム》／연《ヨン》」は「並べつなぎ合わせる」という単語で、「줄이《ジュリ》」は「列」の意〕という名前が伝えられるようになったのです。

○崔瑩《チェヨン》将軍祀堂――楸子《チュジャ》の有難い守護神

崔瑩将軍の祀堂は楸子初等学校裏手の丘の上にあります。崔瑩と楸子の因縁は済州とモンゴルの出会いに始まります。崔瑩が済州本島との間の航行中に、強風に遭い楸子島にしばらく滞在することになったのです。

実際、かつての楸子島は船が航行中に風浪に遭った時に良い風を待つための待避所としてしばしば利用されていた所でした。名前も楸子島と呼ばれるよりははるか昔から「候風島《フプンド》〔風待ち島〕」と呼ばれていました。

崔瑩が済州本島を往来することになったのは牧胡勢力征伐のためでした。この時崔瑩は楸子島に二度滞在することになります。最初は一三七四年八月二四日から二八日まで、次は牧胡勢力征伐を終え帰路にあった九月二三日から一〇月一〇日まででした。順風を待って楸子島に滞在する間、

写真 67：崔瑩将軍祀堂

崔瑩は楸子の住民たちに網を作って魚を捕まえる方法を教えてやったということです。そのことへの感謝と徳を称えるため祀堂を建て祀ることになったのです。その後住民たちは毎年陰暦七月一五日と一二月末日に豊漁と豊作を祈り、祭祀を行ってきました。

また、楸子島が高麗末以来倭寇の侵奪をたびたび受けていたことに関連した話もあります。倭寇討伐に功績があった崔瑩将軍の祀堂を建て、祀ることで倭寇の侵奪を免れようとする守護神的意味で建てたというものです。現在の祀堂は一九七四年に復元されたものです。

5. モンゴルとの一〇〇年が遺したもの

再び高麗に帰属するも明に馬を捧げる

崔瑩が牧胡討伐のため済州に来ている間に、開京では恭愍王が弑逆《しいぎゃく》され、わずか一〇歳の幼い禑《ウ》王《ワン》が推戴されるという事件が起こりました。

済州は崔瑩が牧胡を討伐して発った後にも反高麗・反明の雰囲気が色濃く残っていました。牧胡の残存勢力が結集し主導する反乱が次々と起こりました。また済州の人々も高麗にあっさり帰順したわけではありませんでした。崔瑩の牧胡平定の際には済州の多くの人々も犠牲となり、官吏の搾取と狼藉は相変わらずだっただけでなく、牧胡勢力の影響力から脱した後の済州ではかえってさらに多くの馬を献上しなければならなかったためです。

崔瑩の牧胡平定後、明はモンゴル同様、耽羅の馬を引き続き運び出していました。一三七九年（禑王五年）から一三九二年（恭譲王四年）まで高麗が明に献じた馬三万頭余りのうち二万頭以上が耽羅の馬だったことを考えると、その光景を見ていた済州の人々の心情は想像するに余りあります。

一三八六年（禑王一二年）、高麗朝廷は明が耽羅の馬を要求することに落ち度無く備え、済州の人々の反感を和らげるために済州の土着勢力の子息を呼び寄せ懐柔を試みたり、翌年には星主である高臣《コシン》傑《ゴル》の息子である高鳳礼《コボンネ》を呼び官位を授けたりもしました。高鳳礼は耽羅の最後の星主でした。済州で高麗と明に対する反乱が収まり、高麗政府が済州の統治に自信を持ち始めたのもこの頃からでした。明も済州の管轄権を高麗に初めて認めました。こうして済州は名実共に高麗に再び帰属します。しかし、その時代はあまり長く続きませんでした。

済州、朝鮮建国の決定的な契機に

この頃明朝は高麗に鉄嶺《チョルリョン》（現在の北朝鮮の江原道《カンウォン》高山郡《コサン》と淮陽郡《フェヤン》の間にある峠）以北の地を再度返還せよという要求を突きつけていました。モンゴルが強制的に占拠していたのを恭愍王が取り戻したのですが、明はかつて元朝の地であった地域はすべて明朝の所有であると主張し始めたのです。

崔瑩は明のこの要求に反発して遼東征伐を主張し、李成桂《イソンゲ》は崔瑩の主張に反対しました。崔瑩を頼りにしていた禑王は崔瑩の意見を聞き入れ、一三八八年（禑王一四年）に遼東征伐を進めます。

ところが、崔瑩が戦争指揮と監督のため西京（平壌）へと進むと、禑王もかたくなにそれについて行きます。そして遼東地域の戦場に向かおうとする崔瑩を何としても引き留めようとします。先代の恭愍王が弑逆されたのは崔瑩が牧胡討伐のため済州へ行ったからだと言い、崔瑩とは一日たりとも離れていられないと言うのでした。崔瑩はやむなく禑王と共に西京に残り、李成桂に軍隊を任せ遼東征伐に向かわせました。

北方へ行った李成桂は威化島《ウィファド》〔鴨緑江《アムノッカン》の中州〕で長雨のため足止めされ、軍隊を進められなくなると高麗朝廷に何度も軍を引き返す意向を伝えます。しかし禑王と崔瑩は李成桂の撤退を許しませんでした。そもそも当初から望んでいない戦に向かわされていた李成桂は王命に逆らい、軍隊を引き返す「威化島回軍」を断行します。その後、李成桂勢力は崔瑩を遼東征伐の首謀者として処刑し、政局構図を李成桂中心に変え、ついに朝鮮を建国することになったのです。

つまり、済州の牧胡の反乱が、のちの高麗滅亡と朝鮮建国の決定的な契機となった威化島回軍を招くことになったわけです。その後済州は朝鮮と関係を持つことになります。

未だ残るモンゴルの痕跡

高麗末期から日を追うごとにモンゴルの残存勢力を排斥し、さらに彼らとの共生の痕跡自体も否定していった済州では、朝鮮時代に入るとモンゴルとの出会いから始まった様々なものが急速に消えていきます。

朝鮮初期までは、元を起源とする姓氏や明が流刑にした元の王族とその子孫たちの姓氏を持つ住民たちがかなり住んでいましたが、いつの日からか、彼らの系譜を追跡できなくなります。モンゴルの

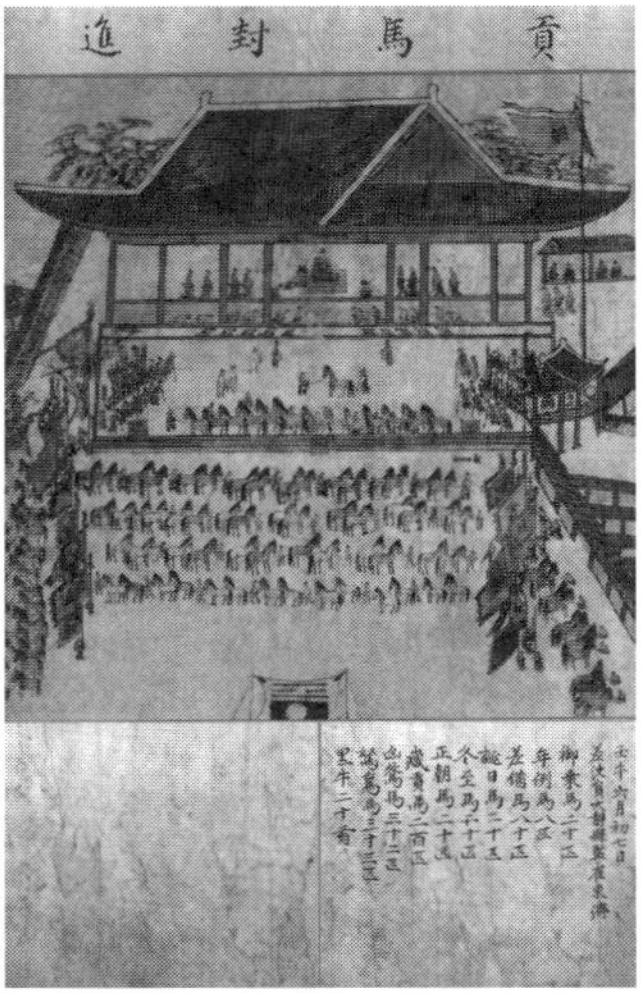

図 5:『耽羅巡歴図』の「貢馬封進」（所有・提供：済州市庁）

写真 68：コソリ酒を作っている様子

支援で威容を誇り、朝鮮初期で二八〇名にもなる奴婢が所属していたほどの大寺院であった法華寺も時と共に縮小し、いつしか廃れ、草屋だけが残ることになります。

モンゴルとの出会いが残した痕跡を消し去ろうとする傾向は、その子孫たちに対する中央政府の弾圧とともに、漢族を中国支配の正統である華と見なし他の種族は夷狄と見る華夷論が拡散していた時代的状況とも相まっています。

それにもかかわらず、モンゴルとの出会いを契機とした牛馬飼育規模の拡大に伴い、モンゴル人の「哈赤」との交流を通じて得た牛馬飼育の方法は朝鮮時代にも引き継がれ、済州は朝鮮最大の国立牧場にして、「馬の本場」としての名声を博すことになります。この時期を代表する歴史としては、国家にかなりの数の馬を献上して「献馬功臣《ホンマコンシン》」と称えられ、代々富と名誉を享受した金万鎰《キムマニル》一家の話としても伝えられています。

一〇〇年以上にわたりモンゴル人との直接かつ日常的な交流を通じて吸収・蓄積されてきた生活文化もまた、済州文化と同化し引き継がれて今日までその痕跡を残しています。代表的な痕跡は済州伝統酒として根付いた「고소리《コソリ》酒〔モンゴル式蒸留酒〕」にも見ることができます。

「生活の中の言語」に残っているモンゴルの痕跡

고렴ᄒᆞ다《コリョムハダ》：弔問する。
고렴《コリョム》：一家に弔いが出た時に親戚が作っていく香典餅。
구덕《クドッ》：底の部分を四角く編んだかご。
도곰《トゴム》：馬の背と鞍の間に載せ、馬を楽にするために敷くもの。「떰치《トムチ》〔荷鞍の下に敷くむしろ〕」のことを言う。
ᄃᆞ사라《タサラ》：小僧。幼い作男。
복닥《ポグタク》：①皮 ②帽子
수룩《スルク》：集団・輩（「수룩《スルク》ー짓다《チッタ》」、「수룩《スルク》ーᄎᆞ다《チャダ》」：「雉などが互いに仲間を率いて群れをなす」、「雉などが互いに仲間を率いる」、①子供を授かるため仏に祈ること ②群れ・集団）。
술《スル》：「줄《チュル》（糸）」の意。主に複合語で用いる（「먹통술《モットンスル》〔墨糸〕」・「먹술《モクスル》〔墨糸〕」・「오징어술《オジンオスル》〔イカ釣り用の糸〕」・「갈치술《カルチスル》〔太刀魚釣り用の糸〕」・「궤기술《クエギスル》〔釣り糸〕」・「연술《ヨンスル》〔たこ糸〕」など）。
우룩《ウルク》（맞추다《マッチュダ》）：「鳥のつがいが互いに鳴いて呼び、応える」、「こっそり約束したり、何かを計画する」

の意。
주레《チュレ》：〔縦〕笛。吹奏用の楽器の一つ。「주네《チュネ》」とも。
허벅《ホボク》：胴体部分が丸く膨らみ、上部の口の部分は狭くなっている、水などを溜める甕。
호랑《ホラン》（가지《カジ》）：「軒」の意。家の塀と隣り合っている軒をいう。軒と塀の間隔が狭く、狭い通路として利用されている所もある。「標準語」の「복도《ポクド》（複道）」と同じ。

（姜栄峯《カンヨンボン》「제주어《済州語》와《と》 중세《中世》 몽골어《モンゴル語》의《の》 비교《比較》 연구《研究》」『耽羅文化』二〇、一九九九より整理。）

◆関連遺跡めぐり

○巨老《コロ》陵 丘《ヌントンサン》 方墓——耽羅の最後の星主が眠る場所

巨老《コロ》村の陵丘に二基の墓が並んでいます。この墓は方墓で文化財に指定されています。方墓は土台の部分が四角形になっている墓を指しますが、高麗末期から朝鮮初期の済州の伝統的埋葬様式だそうです。

今はきれいに整備されていますが、古墳は何度か盗掘されたまま長い間放置されており、頭の部分が無くなった文人石《ムニンソク》像や祭壇石、墓碑基壇石などが周辺に散らばっていたと言います。

五年ほど前には、墓の間に「ここは耽羅の星主高鳳礼の墓と推定される古墳で、一九九六年に発掘調査した後、現状復旧」したという内容の標石も立てられていました。族譜に見られる高鳳礼の墓の

写真 **69**：巨老陵丘方墓

位置も同じ場所だそうです。一四一一年（太宗一一年）に没した高鳳礼は耽羅の最後の星主でした。もう一基は高鳳礼の夫人である南平文《ナムピョンムン》氏《シ》と考えられています。二つの古墳の発掘調査を行った際、朝鮮初期の白磁平鉢の欠片一点、白磁の欠片二点、青磁の欠片一点が出土したそうです。

崔瑩が牧胡を平定した後、済州の反高麗の雰囲気がなお収まらず、一三八七年（禑王一三年）、高麗朝廷は済州の土着勢力を懐柔するという意味で当時の星主高臣傑の息子を呼び寄せ官位を与えます。その高臣傑の息子こそ、この墓の主人である高鳳礼だったのです。高鳳礼は一三八八年（昌王即位年）に軍器《グンギ》小尹《ソユン》（正四品）という官位を受け、官職生活を送ります。

この方墓はモンゴルとの出会いから始まった歴史が込められた意味深い遺跡であり、また済州で唯一耽羅の星主の痕跡を見いだせる重要な遺跡です。

○衣貴里《ウィグィリ》金万鎰《キムマニル》墓域——空前絶後の献馬功臣

金万鎰の墓域は低い丘陵の上にテイカカズラなどのつる草で見事に覆われた墳丘を四角く囲み、文人石二基が向かい合うように置かれています。墳丘と文人石、碑石、魂遊石《ホニュソク》などを含め「衣貴里金万鎰墓域」という名称で二〇〇九年に文化財に指定されました。墓域内に童子石《トンジャソク》もあったのですが、二〇〇四年に盗まれてしまいました。

文人石は朝鮮時代の済州における固有の石文化を明らかにする上で、また、墓は一七世紀中盤の方形墳丘を持つ墳墓の築造様式を調べる資料として、それぞれ文化財的価値を持っているので一見の価値があります。碑石は通常墳丘の前に置かれるものですが、ここにある碑石は囲いにほとんどくっつくように建てられています。墳丘の前の床石と墳丘の間には「霊魂が出てきて遊べるようにする石」という意味の「魂遊石」が置かれています。墳丘はかなりの大きさです。一般的な墳丘は直径が三メートル前後ですが、この墳丘は直径五・四メートル、高さ一・五メートルになり、墳丘の主人の位がうかがい知れます。

写真 **70**：金万鎰墓域

この墓域の主人である金万鎰は朝鮮時代に「献馬功臣」と称えられ、済州出身者の中で最も高い位に就いた人物です。「献馬功臣」は唯一済州にのみ存在した特別な功臣です。金万鎰は「馬の本場」済州の歴史とその姿を垣間見せてくれる人物というわけです。

一五五〇年に衣貴里で生まれた金万鎰は馬と話ができる人という伝説が残るほど卓越した牧畜専門家だったと言われています。中年の頃には全国で最も規模が大きい馬牧場を運営していたそうです。

当時、朝鮮政府は、壬辰倭乱《イムジンウェラン》（文禄の役）が起きた一五九二年から仁祖《インジョ》の時代（一六二三～一六四九年）にかけて、馬の確保に非常に苦労しました。相次ぐ戦争により、ただでさえ馬が必要な上に、明朝までが多くの馬をしばしば要求してきましたが、半島部の牧場は戦乱の渦中でその機能をほぼ失ってしまっていたからです。そのような時に金万鎰は多くの馬を国家に捧げたので、国家としては干天の慈雨そのものだったことでしょう。金万鎰の献馬は壬辰倭乱の二年後の一五九四年から一六二七年まで数度に亘って行われましたが、文献記録にはっきりと記されているものだけでも、一二四〇頭を超えます。時代的な要求とかみ合った面も無いわけではなかったでしょうが、自らの生涯かけて育てた財産である馬を快く差し出すというのは、相当の透察力や決断力無しにはできないことだったでしょう。「馬の本場」済州の大人物、金万鎰はこうして国難克服に積極的に寄与した功労で「献馬功臣」と称えられただけでなく、ソウルに上京し、従二品の官位まで授かるなど、社会的地位も最高潮に達しました。

国家に馬を捧げた金万鎰の功績は彼の代だけにとどまりませんでした。彼の息子金大吉《キムデギル》は一六五八年に国家から山馬場《サンマジャン》〔山の馬牧場〕の監牧官《カンモックァン》に任命され、その後も子孫が世襲していきました。山馬場は金万鎰の牧場から始まった馬の飼育牧場で、当時監牧官は県監《ヒョンガム》と同じ従六品でしたが、済州社会では最高位に当たる職責でした。山馬監牧官《サンマカンモックァン》は一八九七年にその職責が無くなるまでの二一八年間、金万鎰の家系であわせて八三人が歴任したそうです。朝鮮後期まで済州島内で金万鎰の家ほど高い官職を続け、実質的に支配力を行使した一家は他に見あたりません。二〇〇年以上続いた金万鎰の気運も相当なものですが、済州の伝統的な根幹産業だった馬の飼育が持つ影響力がどれほど大きいものだったのかを垣間見せてくれます。

写真 **71**：金万鎰墓域内の文人石

写真 **72**：金万鎰墓域内の文人石

図 **6**:『耽羅巡歴図』の「山場駈馬」
（所有・提供：済州市庁）

写真 **73**：金万鎰墓域内の魂遊石

○チャッソン／ジャッソン——大規模牧場の歴史の痕跡

済州の人々が「잣《チャッ》」または「잣담《チャッタム》」と呼んでいる「잣성《チャッソン》〔石垣〕」は朝鮮時代に済州の中山間の牧場・牧草地の境界に築かれた石垣です。

済州では高麗時代のモンゴル支配期に大規模な馬の放牧が始まりましたが、朝鮮時代初期までには牧場は海岸部の平野地帯を始めとする島全域に広がっており、馬による農耕地の被害もかなり生じていたようです。その後一四二九年（世宗一一年）に漢拏山中腹に牧場を移すことになりましたが、粛《スク》宗《チョン》の時に国営牧場を一〇区域に分けて管理する一〇所場体系が整えられたそうです。そして一〇所場の上・下の境界に石垣を築いたのですが、それがチャッソンです。

写真 74：九所場の下チャッソン（為美二里）

チャッソンはその位置により、上《サン》チャッソン・中《チュン》チャッソン・下《ハ》チャッソンに分かれています。漢拏山の中山間地帯を、上・中間・下と大きく三等分にして石垣をぐるりと廻らせて築いたのです。

一番最初に築かれたのは中山間の海抜一五〇〜二五〇メートル一帯の下チャッソンです。下チャッソンは一五世紀初め頃から築かれましたが、当初の目的ないし名分は、馬が農耕地に入って農作物を荒らせないようにするためだったそうです。し

写真 **75**：上倉・下倉共同牧場の上チャッソン

写真 **76**：水望里の中チャッソン

かし、下チャッソンを築いた根本的な目的は、中山間地帯の農耕地開墾を禁じて、牧草地を安定的に確保しようとしたところにあったと見なければなりません。下チャッソンは一〇所場だけでも、最初に作られた一五世紀初めには一六五〔朝鮮〕里、すなわち六〇数キロメートルでしたが、一八世紀末になると五九七〔朝鮮〕里にあたる二六〇キロメートルあまりになる程、実に長いものになっていました。

一八世紀後半からは、馬が漢拏山深くに迷い込んで凍死するような事故を防ぐため、海抜四五〇〜六〇〇メートル一帯に上チャッソンを築きます。海抜三五〇〜四〇〇メートル一帯に作られた中チャッソンは上チャッソンと下チャッソンの間の空間を区切る石垣で、およそ一九世紀末から二〇世紀初めに築かれたものと考えられます。

チャッソンの総延長は確認できたものだけでも三〇〇キロメートル余りになっていますが、すべて済州の人々を賦役で動員して築いたものとされています。石垣をなしている石一つひとつに済州の先人たちの労働と汗が染みついているのです。

韓国で朝鮮時代の牧畜と関連したチャッソンが残っているのは済州島だけであり、単一遺跡としては最も長い線形遺跡であるだけでなく、朝鮮時代の済州島の中山間地域に設けられていた国営牧場の実態を立証する歴史遺跡でもあり、済州島の伝統牧畜文化の象徴としても代表的な遺跡です。

南元邑では、上・中・下チャッソンの痕跡をすべて見ることができます。水望里《スマンリ》に残っている中チャッソンと漢南里に残っている上チャッソン、為美里《ウィミリ》に残っている下チャッソンなどがそれに当たります。すべて比較的長く残っており、周辺には今もなお牧場があって、風景も良い所なので、一見の価値はあります。

写真77：加時里の中チャッソン

写真78：加時里の甲馬場チャッソン

表善面《ピョソンミョン》加時里《カシリ》には甲馬《カムマ》場《ジャン》チャッソンの跡が残っています。朝鮮宣祖《ソンジョ》代に衣貴里の金万鎰が馬五〇〇頭を国家に献納すると、政府は一〇所場の中に東西別牧場を設置させましたが、加時里の甲馬場チャッソンはまさにその遺跡ということです。加時里の中チャッソンは静石航空館《チョンソク》裏手の小鹿山《ソロクサン》と大鹿山《テロクサン》を境にしてずっと伸び、連なっている垣として確認することができます。

安徳面にもチャッソンが残っています。安徳面公設公園墓地に入っていく道路脇で最近造成されたトレッキングコースに沿って竝山《ビョンサン》まで続いている石垣が七所場の上チャッソンの跡です。中チャッソンと下チャッソンは上チャッソンの下方へ一キロメートルずつ間を空けながら残っていたと伝えられていますが、現在は飛び飛びでまばらに一部だけ残っています。

写真・図版出典一覧

尹龍赫	写真 1、2
国立済州博物館	写真 3、51 ～ 53
済州知識産業振興院（現 JEJU TECHNOPARK）	写真 4、19、36、58、62、64
井上治	写真 5、9、13、15、22、48、49
文素然	写真 6、8、32、59、63、69、74 ～ 78
金日宇	写真 7、10、11、21、24 ～ 27、29、30、46、56、57、60、61、65 ～ 67、70 ～ 73
済州缸波頭里抗蒙遺跡址管理事務所	写真 12、14
済州文化遺産研究院	写真 16、18、23
済州文化芸術財団	写真 17、図 3
康昌和	写真 20
姜定孝	写真 28
姜昭全	写真 31
張徳支	写真 33、47
済州史定立事業推進協議会	写真 34、54
法華寺	写真 35、50、55
呉昌命	写真 37 ～ 45
玄明子	写真 68
済州市庁	図 4 ～ 6

あとがき

本書は、済州大学校などで教鞭を執る金日宇《キムイルウ》氏と済州文化研究家で放送作家でもある文素然《ムンソヨン》氏が、一三世紀に始まる済州とモンゴルの邂逅から現在に至るまで済州に残されてきたモンゴルとの交流の痕跡を、一般読者にわかりやすく解説した韓国語の書籍『済州《チェジュ》、モンゴルに出会う《モンゴルルマンナダ》』の内容に金日宇氏が改訂増補した原稿を日本語訳したものである。この原著は、二〇一〇年に済州文化芸術財団によって非売品として刊行されたので、韓国以外にはあまり広まらなかったものである。

この書物と出会ったのは、監訳者井上と翻訳者のひとり石田が島根県立大学北東アジア地域研究センターの同僚たちと実施した研究プロジェクトで済州島を訪問し、著者お二人より原著を贈られた時であった。なぜ済州島に研究上の興味を抱いたかなどは一切省略するが、翻訳に至る経緯は少しだけ説明しておきたい。井上と石田らが済州で調査を行う準備で情報を収集していたおり、石田がインターネット上で「済州、モンゴルに出会う」という連載記事を見つけ、それを井上に紹介した。井上は韓国語にあまり通じていないため、石田の助けも得ながら記事を読んだところ、済州・モンゴル関係史、済州島に残るモンゴル関連史跡、モンゴルに由来する済州島の生活と文化が、写真と地図を織り交ぜながら紹介されていることがわかった。井上と石田はこの情報に基づいて現地調査の計画を練る一方、石田の知人に済州とモンゴルの歴史に詳しい専門家の紹介を依頼した。そして済州で首尾よく金日宇氏と文素然氏に引き合わせていただき、その時に原著を贈られたのである。

その場で原著に目を走らせたところ、実はインターネット上の「済州、モンゴルに出会う」はほぼ原著の内容であることがわかった。インターネットの「済州、モンゴルに出会う」の記事を読んだときから、監訳者は、そこに書かれている済州とモンゴルの関係史の大半は既存の研究を通じてすでに知っていたが、歴史以外のことは断片的に知っているに過ぎないかあるいは全く知らなかった。そこで、これをモンゴル研究、朝鮮研究ともに層の厚い日本で刊行することは意味のあることだろうと思うに至った。また、監訳者自身がそうであるように、日本では、韓国語に通じたモンゴル史研究者は余り多くないため、モンゴルが済州島とこれほどに関係を持っていたことを新奇に受け止める者が必ずいると思った。

そこで、プロジェクト終了後に著者や関係者から許可を取り付け、石田と木下が翻訳を、井上が監訳をそれぞれ担当し、原文の意味不明な部分や翻訳・監訳上の問題は著者に問い合わせるなどしつつ、全体の調整は井上と石田が行った。前述のように、この翻訳は、金日宇氏が原著の内容に新たに手を入れた新しい原稿に基づいており、二〇一〇年版『済州、モンゴルに出会う』の改訂新版の性格を持つ。また、原著に掲載された写真の一部と地図には権利関係の問題があるため別の写真や自作の地図に差し替え、同じく原著にあった発刊の辞やまえがきも載せなかった。その代わりに、著者が日本語版に寄せた「はじめに」を載せることにした。これらの点も原著とは異なるので、念のために断っておく。

管見の限り、日本では、済州とモンゴルの関係をもっぱらに扱った書籍が刊行された例はないようである。むろん、モンゴルの高麗侵略と高麗のモンゴルへの従属、その過程で三別抄が蜂起し珍島に移動したこと、三別抄が済州島を奪取し拠点を築いたこと、三別抄が鎌倉幕府に共闘を求める書状を送っていたらしいこと、クビライの第一次日本遠征（文永の役）に先だって三別抄が滅ぼされたこと、済州にモンゴルから馬が持ち込まれて国営牧場が営まれたこと、元の北遷に先だってトゴンテムルが済州に移住しようとしていたこと、元治下の雲南からの移住民が済州に到着したこと、済州島に住み着いたモンゴル人牧民（哈赤）が高麗による支配に抵抗したこと、これらは日本でざっと見ただけでも池内宏、末松保和、中村栄孝、田中健夫、岡田英弘、村井章介、石井正敏、高橋公明、藤田明良、大葉昇一、森平雅彦ら各氏の論著ですでに説かれている部分がかなりある。また、済州島における馬飼育についても泉靖一や桝田一二ら先学が述べた部分がある。

一方の韓国では、著者である金日宇氏の韓国語による著作『高麗時代耽羅史研究』（新書苑、二〇〇〇年）や尹龍爀《ユンヨンヒョク》氏の『고려《高麗》 삼별초의《三別抄の》 대몽항쟁《対蒙抗争》』（一志社、二〇〇〇年）があり、特に『高麗時代耽羅史研究』では高麗時代の済州（耽羅）が経験した経済、社会変動にまで踏み込んだ考察がある。同じく金日宇氏の「고려후기《高麗後期》 済州・몽골의《モンゴルの》 만남과《出会いと》 제주사회의《済州社会の》 변화《変化》」（『韓国史学報』一五、二〇〇三年）、「고려후기《高麗後期》 済州 法華寺의《の》 重創과《と》 그《その》 位相」（『韓国史研究』一一九、二〇〇二年）、「〃말《馬》（馬）의《の》 고장《ふるさと》〃 제주와《済州と》 金万鎰 관련 역사자료《歴史資料》 활용화의《活用化の》 첫 방안《最初の方案》」（『韓国写真地理学会誌』一七-二、二〇〇七年）、「고려시대《高麗時代》 제주 지역의《済州地域の》 対蒙抗戦 관련《関連》 유적과《遺跡と》 그《その》 활용《活用》 방향《方向》」（『韓国写真地理学会誌』一八-二、二〇〇八年）など、済州に残るモンゴル関連の史跡や文化要素に関する考察がある。馬政に関しては南都泳《ナムドヨン》氏の『韓国馬政史』（마사박물관、一九九六年）が著名であり、金日宇氏にも「고려시대《高麗時代》 耽羅지역의《地域の》 牛馬飼育」（『史学研究』七八、二〇〇五年）がある。済州語に残るモンゴル語由来とされる語彙や表現については、石宙明《ソクチュミョン》氏に代表される権威

ある研究の成果が、たとえば二〇一一年に刊行された高在奐《コジェファン》氏『제주어개론《済州語概論》』（보고사）などにまでよく引き継がれている。その一方、「済州語と中世モンゴル語の比較研究」（『耽羅文化』二〇、一九九九年）を著した姜栄峯氏のように、モンゴル語を解する済州語の研究者が、済州語とモンゴル語との関係について長く引き継がれてきた見解を批判的に発展させている。本書はこの姜栄峯氏の研究成果を直接取り入れており、済州をめぐる比較的新しい研究動向にも配慮が及んでいる。

以上を要するに、本書の最大の特色は、済州とモンゴルの関係史にとどまることなく、済州に深く根付いているモンゴル的要素を具体的にわかりやすく述べている点にあるといえる。

ここで若干の紙面をいただき、本書の内容に少しばかりの補足をしておきたい。

一つは、本書に書かれたことがらの前提や背景となっている歴史的な経緯を、特に本書で言及されていないことがらに留意して補足しておく。

済州がモンゴルと出会うその前段には、高麗とモンゴルの出会いがある。それを以下に簡単にまとめておこうと思う。一二〇六年にモンゴル高原に居住する諸部族を従えたテムジンが統率者に推戴されてチンギス・カンと称した。すぐにチンギスは南の西夏を攻めて服属させ、ついでモンゴル高原西部の諸族を従えて、一二一一年からは金朝の攻撃に乗り出した。一二一五年まで続いたこの金朝への攻撃がきっかけとなって、金朝治下の契丹人耶律留哥が金朝に反旗を翻した末にチンギスに投じた。この耶律留哥の討伐を命じられた金朝の女真人武将蒲鮮万奴は任務に失敗し、ついには金朝から自立して東夏（大真）国（高麗側史料には東真）を立て、遼東地方から豆満（図們）江、大興安嶺東麓から鴨緑江を南に越えた朝鮮半島北部にかけての地域を舞台に相争った。一方、耶律留哥麾下の契丹人集団の中からも反乱が勃発した。その反乱集団は高麗領内をも荒らしたが、高麗領内の江東城で、モンゴル軍、耶律留哥の契丹軍、蒲鮮万奴の配下が率いる女真軍、そして高麗軍による共同討伐作戦の末に滅ぼされた。この共同討伐の成功をうけて、高麗側はモンゴルに貢物を献上することを約束したため、モンゴルからの使者が高麗を頻繁に訪れ、極めて横柄に法外な量の貢物を要求するようになった。そのような使者の代表格が一二二一年から毎年のように貢物を受け取っては帰る著古與という者であった。この著古與が一二三一年に貢物を受け取った帰路、鴨緑江を越えたところで死んでしまった。このときモンゴルではチンギスのあとを継いだウゲデイが即位していた。ウゲデイが、この著古與の死の責任を高麗に問うて軍を送りこんだのを皮切りに、高麗がモンゴルに全面降服する一二五九年まで、モンゴルから六回に亘る侵略軍が高麗に向けて送られたのであり、済州がモンゴルと出会うのはこののちのことになる。

全面降服に踏み切った高麗の高宗は、一二五九年のうちに太子の倎《チョン》をモンゴルのカーンのもとに派遣した。この時のモンゴルのカーンはモンケであり、倎が目指したのもモンケであったが、モンケは南宋との戦いの陣中で没してしまっていた。目的を失った倎ではあったが、モンケ死後のカーンの座を目指して南宋戦線を離れて北上しつつあったクビライに道中で会うことができた。倎は開平府という所までクビライと同道し、クビライの差配で高麗に戻り、一二六〇年に王に即位し(元宗)、まもなくクビライはカーンに即位した。このクビライ・カーンこそがモンゴルを済州と出会わせる大きな役割を果たした。一二六五年、クビライは、ある高麗人に、日本がかつては中国に使者を送って通好していたことを告げられ、翌一二六六年に元宗の所に使者を遣わした。その使者は二通の書簡を携えていた。一通は「日本国王」に通好を呼びかけるもの、そしてもう一通はその使者を日本まで送り届けるよう元宗に命じるものであった。これに始まるクビライからの数度の呼びかけに日本側が一切応じず、結果として日本遠征、日本で言うところの元寇あるいは蒙古襲来（文永の役、弘安の役）を引き起こすことになった。

クビライが元宗へ使者を送ったのとほぼ同じ時期、耽羅の星主が高麗を経由してクビライの所に派遣され、翌年初めには入朝した。この星主が、本書冒頭に書かれている梁浩であった。このころからクビライは海を越える戦いを意識し始めたらしく、耽羅の星主と面会したのは、耽羅が南宋と日本に至る海路の要衝であったためといわれる。一二六八年、ついにクビライは高麗に造船を命じ、その一部が済州（耽羅）に割り当てられた。こうして済州（耽羅）はクビライが発動する海を越える日本との戦いに巻き込まれていったのであった。

済州島にモンゴル人が乗り込んできたことが正真正銘の出会いだとするならば、さらに三別抄が済州島を占拠するまでの動きを追う必要があろう。一二五九年、それまで高麗の政治を操り、モンゴルへの抵抗を続けてきた武臣が打倒され、国王はようやくモンゴルへの全面降服に踏み切ることができた。しかしながら、武臣たちの実力はそう簡単に衰えるものではなかった。一二六八年、元宗は当時権力を振るっていた金俊《キムジュン》という武臣を、同じく武臣の林衍《イムヨン》に殺させ、次いで林衍を排除しようとしたが、逆に林衍に宮殿を囲まれて退位させられてしまった。元宗はクビライの軍事的圧力を借りて復位を果たしたのち、一二七〇年にクビライに面会して林衍ら権臣の排除を願った。これを認めたクビライが軍を差し向け、元宗自らも臣下に抵抗をやめるよう諭したため、一部の武臣が三別抄を動かして、林衍の後を継いだ林惟茂ら一派を粛清した。これを機に元宗は、高麗の都を江華島から旧都の開京に戻すことを決めたが、これに反対して江華島に立てこもったのが三別抄であった。元宗は三別抄を諭したが聞き入れられなかったので、三別抄を解散する命令を出した。これに強く反発した三別抄は裴仲孫らによって王に推戴された承化侯温とともに船で江華島を去り、珍島に拠点を築いて頑強に抵抗した。このように三別抄が朝鮮半島南の多島海で抗戦を続けることは、クビライが進めようとしている海を越えた戦いの障害に他ならなかった。その戦いに加わる軍は、まさにこの多島海から船に乗って進発するからである。三別抄は海上にとどまらず半島南部に上陸して激しく戦ったため、元宗もまた三別抄の掃討をクビライに望んだ。こうして、高麗・モンゴル連合軍が珍島に送られ、一二七一年にここを攻め落とした。裴仲孫は行方知れずとなったが、珍島を脱することに成功した一部の三別抄は金通精に率いられ、済州島を攻め取ってここを拠点にさらなる抵抗を続けたが、一二七三年についに滅ぼされた。こうしてモンゴル兵が島に残り、一二七六年には塔剌赤が馬一六〇頭を済州にもたらしたのである。

補足しておきたい二つ目は、本文中に言及されている、済州語に残るモンゴル語借用語、あるいはモンゴル語に由来するとされる済州語について、モンゴル語の立場から補足しておくとよいと思われることがある。まず、洪茶丘に〝「偉大な勇士」という意味の「バトゥ」の称号を与えたそうです。〟（三七ページ）と記した部分の「バトゥ」についてである。「バトゥ」とカナ書きすると、通常は「堅い」という意味を持つモンゴル語 batu を写したものと考えられる。モンゴル人男性の中に batu という名

を持つ者は少なくない。ただしbatuは、「丈夫な」や「屈強な」といった意味を含意することはあっても、「勇士」という意味を持つ語とはいえない。「勇士」や「英雄」という意味でよく知られるモンゴル語は「バートル／バートゥル」baatur、あるいは「バータル」baatarである。これがモンゴル語以外の言語やモンゴル文字以外に移される（写される）と、「バートル／バートゥル」、「バータル」の末尾の「ル」rの音が落ち、それを「バトゥ」とカナ書きしうるような表記になる場合がある。朝鮮の史料にもそのような例が見える。『高麗史』「辺安烈伝《ビョンアニョル》」には、高麗の兵たちが年は十五、六の風貌端麗で驍勇無比の倭寇の首領をさして「阿只抜都」と呼んでいたとの記録がある。日本では「阿只抜都」の「抜都」が「驍勇無比」の意味、つまり「バートル／バートゥル」、「バータル」を表すと解釈され、「抜都」を「バトゥ」や「バツ」とカナ書きする例が見られる。現在の韓国では「抜都」は발도《パルド》と読み書きするが、『高麗史』や『高麗史節要』に現れるモンゴル語の漢字音写は、すべての事例を厳密に分析したわけではないが、中原の発音のほうが原音により近い場合がほとんどである。このように、往時の高麗兵が「驍勇無比」（バートル／バートゥル、バータル）を「抜都」という漢字をもって表記されうる発音で呼んでいたことを示唆する事例である。著者が「バトゥ」を「偉大な勇士」と解したのは、モンゴル語の観点からは問題があるのだが、朝鮮では「抜都」が「驍勇無比」あるいは「勇士」の義に解されてきた歴史が存在するのである。

次に、本書では、モンゴルの痕跡を残すとされる、馬の毛色を表す済州語の語彙と「生活の中の言語」が紹介されている。後者については、本文中に紹介されている姜栄峯氏の研究に、その語にモンゴルの痕跡を認めうる根拠が説明されている。しかし前者に関しては本文中に説明がなく、監訳者の探求不足もあって、専門的な論著を見ることができなかった。このため、当該の語彙のどこにモンゴルの痕跡が見て取れるのかを理解できないままである。しかし、その語彙と訳とを照らし合わせると、単なる偶然の一致かもしれないが、済州語とモンゴル語の意味が対応している部分を見いだすことはできる。たとえば「カラマル」は「全身黒毛の馬」を指すそうだが、「カラ」は「黒い」という意味のモンゴル語 khar であり、「マル」は「家畜」という意味のモンゴル語 mal である。「モッカラ」の「カラ」や「チュガラ」の「ガラ」は khar である可能性を否定できない。「コランマル」は「栗毛の馬」という意味なので、「コラン」は「茶色」という意味の khüren(g) であろうか。おもしろいのは、「アジルゲマル」が「子馬」という意味になっている点である。本書では、「アジルゲ」は「子供」あるいは「幼いもの」という意味の中世モンゴル語「ajirγa〔アジルガ〕」の音を借用したもの、と説明されている。しかし「アジルガ」は現代モンゴル語でも中世モンゴル語でも「子供」あるいは「幼いもの」という意味であるとは考えられない。これは「種馬」を意味する語である。ただ、「アジルガ」を「子供」あるいは「幼いもの」と解させたと思われる古文献はある。一四世紀に編まれた『華夷訳語』(甲種本)というモンゴル語と漢語を対照した書物の中に、「阿只児哈〔アジルガの漢字音訳〕」が「児馬」という漢語に当たると書かれている。この「児」に引かれて「子供」あるいは「幼いもの」という解釈ができあがったのかもしれないが、この「児馬」は古くから「種馬」という意味の漢語である。また、済州におけるこのような解釈が『華夷訳語』(甲種本)に由来しているという根拠もない。しかし、現在の済州には「アジルゲ」が「子馬」であるとの見解が存在することには変わりなく、その解釈をモンゴル語の意味と合致しないことを理由に否定することはできない。監訳者は、済州の馬飼いから「アジルゲ」が「子馬」であるとの見解を聞いてはいないので、ここでは、済州語化したモンゴル語の興味深い例となる可能性があることを指摘するにとどめておきたい。

補足したい三つ目は、モンゴルとの出会いによって最大の変化を遂げたとされる牧畜についてである。まず確認しておかなければならないのは、著者は、済州における牧畜、馬産がモンゴルとの接触で始まったとは書いていないことである。このことは、いうまでもなくモンゴルとの接触以前の牧畜方法や在来種が済州にあったことを意味する。このような状況に、モンゴルから馬を飼う牧民「哈赤」が到来し、異なる牧畜方法や異品種家畜が持ち込まれたのである。当然、在来の方法や品種との混淆や淘汰があって現今の済州における馬産が確立されてきたわけである。

著者は、哈赤たちはモンゴルの伝統的な方法で済州の馬の飼育を行い、特に、モンゴルと同じように牧草が豊富にある地域を時期毎に移動しつつ飼育を行ったので、済州全域が牧草地として活用されたと推測している。また、「たとえば海岸地帯に牛馬を放牧したとしても生の牧草が足りなくなる冬の間については一カ所に集めて予め用意しておいた干草やわらを食べさせる済州の牛馬飼育方法を採ることもあっ」た（五九〜六〇ページ）、とも述べている。著者はこれを「モンゴル地域とは異なる方法」と記しているが、このような冬期に備えた貯草はモンゴル草原でも同様に行われていて、あるいはこの点にもモンゴルにおける牧畜との関係性を見いだせるかもしれない。

韓国が国を挙げて保護に努めている「済州馬」は、済州島の在来種「果下馬」と北方から将来された外来種「胡馬」との混血種が、モンゴル支配時代にモンゴル馬や西域馬とさらに混血して多品種化し、時を経るうちに胡馬系統種が自然に退化して小型種だけが残ったものだとしている。おもしろいのは、このような混血や種の退化が起こった原因を、去勢しなかったからだとする点である（七〇ページ）。去勢とは牡馬の睾丸を摘出して生殖能力を奪う技術である。去勢されないのはいうまでもなく精選された優秀な牡馬に限られる。したがって、去勢とは、良馬とはいえない牡馬との交雑を回避する方法であるといえる。これに加えて、もう一つ、馬群の管理に必要な技術であることも指摘しておこう。繁殖期になると通常の雄と雌はカップルを作る。生殖能力のない牡馬はカップルを作ることができない。生殖能力を持つ牡馬（つまり種馬）が少数になればなるほど、その牡馬に従う牝馬は多数になる。去勢された馬は性格がおとなしくなり、種馬に従う。こうして一頭の種馬に従う多数の牝馬と去勢馬から成る群れが形成される。牧民は種馬さえコントロールすれば、多数の馬群を一挙に管理することができるのである。もう一つ、上述したように去勢された馬は性格がおとなしくなるため、その背中に人が乗ることが可能になる。人間よりも足の速い四つ足の大量の家畜を管理するために、牧民は馬に乗ることが欠かせない。またかつてモンゴルが広い領域を席巻し得たのは騎馬の軍事力によるところが大きい。このような何重にも重要な意味を持つ去勢術が済州に存在しないというのは意外である。モンゴル出身の「哈赤」が去勢術を知らず、これを当時の済州に持ち込まなかったとは考えにくい。しかし、一方では、済州にあった複数の馬種が交雑して現今の済州馬に連なる種ができたと著者はいう（七〇ページ）。当時の「哈赤」がモンゴル伝来の去勢術を何らかの理由で済州で運用しなかったのだろうか。「哈赤」に由来する牧馬技術が時代を経るにつれ済州では不要となっていったのだろうか。「哈赤」に由来する牧馬技術が済州でどのような取捨選択の過程を経て、こんにちの状態に至ったかを跡づけることは容易ではないかもしれないが、モンゴルの生活技術が遠く済州でどのように定着していったのか、興味の尽きないところである。残念なのは、監訳者が不勉強のため、済州島に今も残る伝統的な牧畜方法をよく知らないことである。

最後に、本書の根底にある著者たちのモンゴルのとらえ方について、監訳者の理解したところを記しておきたい。一言で言えば、著者たちは、明らかにモンゴルを現在の済州、済州人、済州文化を構成する要素であるととらえている。かつては侵略者に他ならなかったモンゴル人たちと彼らが済州に遺したものは、今は多くは見当たらない。だからこそ本書の内容が興味深く思われるわけである。モンゴルによる済州支配期には、済州に持ち込まれたモンゴル的要素は濃厚であったに違いない。モンゴルの支配が終わっても済州に居残らざるを得なかったモンゴル人やモンゴル人の血を引く者たちは、おそらく済州の民に憎まれ圧迫を受けたこともあっただろうが、そうした状態はいつしか落ち着き、「モンゴル」は済州に受け入れられ静かに済州の中に定着していってその一部となった。自分たちが住む済州は〝モンゴルを抱く済州〟である。本書の根底には、済州人である著者らのこのようなとらえ方や理解であることに思いを致すとき、本書をよりいっそう味わい深く読むことができるように思われるのである。

本書は、平成二六年度島根県立大学北東アジア地域学術交流研究助成金（学術図書出版助成事業）の助成を受けて刊行された。助成を認められた島根県立大学理事長本田雄一氏に敬意を表する。また、原著の翻訳を快諾された金日宇氏と文素然氏に深甚の謝意を表する。特に金日宇氏には、著作権に関わる各所との交渉や写真・図版資料の使用許諾取り付けのために多大なご尽力をいただいた。最後に、本書の刊行を引き受けてくださった株式会社明石書店石井昭男社長と、刊行まで多くのお世話をいただいた佐藤和久氏に心よりお礼申し上げる。

監訳者　井上　治

サンセミ岳〔オルム〕方墓　51
ジムスモッ　51
楸子島〔チュジャド〕　46, 51, 96-97
将帥泉〔チャンスムル〕　44-45
松淡川〔ソンダムチョン〕　24, 37, 52
水山坪〔スサンピョン〕　56, 58, 74
水精寺〔スジョンサ〕　66, 78
赤岳〔プルグンオルム〕　32, 47-48
槽泉〔クシムル〕　40, 43-44
大水山峰〔テスサンボン〕　74
チャントル　41-42
朝貢浦〔チョゴンポ〕　49
朝天浦〔チョチョンポ〕　24, 49
陣軍岳〔チングンマルル〕　46
珍島〔チンド〕　22-25, 27, 30, 33, 36-37, 50-52, 92
東済院〔トンジェウォン〕　23, 36-37
幕宿〔マクスク〕　95-96
パグムジ岳〔オルム〕　47
破軍峰〔パグンボン〕　47
パルグンオルム　90, 92
ハンバドゥリ　30
飛揚島〔ピヤンド〕　26-27, 49
フェッチャグンムル　32, 45
フェップリ　32, 45
仏塔寺〔プルタプサ〕　82
別刀浦〔ピョルトポ〕　23
ペヨムジュリ　95-96
法華寺〔ポッファサ〕　66-68, 78-79, 81-82, 102
法還　95-96
法還浦口〔ポッファンポグ〕　90, 92
マンイリ丘〔トンサン〕　46
明月〔ミョンウォル〕　64
明月浦〔ミョンウォルポ〕　23, 37, 49-50, 89-92
矢受け石　45

32, 39-40, 42, 44, 47-48, 52
忻都〔ヒンドゥ〕 53
金方慶〔キムバンギョン〕 26-28, 31-32, 50, 53
金万鎰〔キムマニル〕 102, 105-107, 111
禑王〔ウワン〕 99-101
クビライ 17, 57, 59, 88
元宗〔ウォンジョン〕 21, 66
高宗〔コジョン〕 19
洪茶丘〔ホンタグ〕 26, 37, 53
高鳳礼〔コボンネ〕 100, 104-105
高臣傑〔コシンゴル〕 100, 105
崔瑀〔チェウ〕 19-20
崔瑩〔チェヨン〕 88-97, 99-101, 105
順帝→トゴンテムル
承化侯温〔スンファフオン〕 22, 24
肖古禿不花〔肖クトゥブカ〕 89-90
世祖→クビライ
石谷里甫介 77
石多時万〔石ダシマン〕 90
石迭里必思〔石デルビス〕 89-90
太祖〔テジョ〕 17
趙荘忽古孫 90
塔刺赤〔タラチ〕 74
トゴンテムル 62, 68, 86
裴仲孫〔ペジュンソン〕 22
李成桂〔イソンゲ〕 100-101
李文京〔イムンギョン〕 23, 36-37, 50, 52, 92
梁浩〔ヤンホ〕 17
林惟茂〔イムユム〕 20

【地名索引】

アノルム見張り台 46
甕城泉〔オンソンムル〕 40, 42-43
開京〔ケギョン〕 19-23, 25-26, 28, 33, 37, 51-52, 90, 99
涯月〔エウォル〕 26-27, 34-36, 64
涯月浦〔エウォルポ〕 24, 26-27, 49
涯月木城〔エウォルモクソン〕 24
漢拏山〔ハルラサン〕 28, 38, 47-48, 51, 56, 109-110
咸徳〔ハムドク〕 64
咸徳浦〔ハムドッポ〕 26-28, 50
暁星岳〔セビョルオルム〕 90, 92, 94
巨老陵丘〔コロヌントンサン〕方墓 104-105
金須〔キムス〕将軍の墓 52
金万鎰〔キムマニル〕墓域 105-106
クムス池〔モッ〕 51-52
軍港浦〔グナンポ〕 47-48
元堂寺〔ウォンダンサ〕 66, 78, 82-83
高内本郷堂〔コネポニャンダン〕 52
缸波頭城〔ハンパドゥソン〕 24, 26-29, 32, 36-50
缸波頭里抗蒙遺跡（址）〔ハンパドゥリハンモンユジョク（チ）〕 37, 41
極楽寺〔クンナクサ〕 42
極楽峰〔クンナクオルム〕 45
五生水〔オソンムル〕 40, 42
虎島〔ポムソム〕 90, 92, 95-96
今勿岳〔クンムルオルム〕 90, 92-93
サンセミ岳〔オルム〕 50-51

索　　引

【事項索引】

阿幕〔アマク〕　59, 75, 89-90
果下馬〔クァハマ〕　69-70
環海長城〔ファネチャンソン〕　23-24, 33-36,
監牧官〔カンモックァン〕　107
元・雲南由来の姓　62
弘安の役　56-57
哈赤〔ハチ〕　58-60, 62, 77, 102
コソリ酒　103
済州語中の馬関連語彙　71, 73
済州馬〔チェジュマ〕　68-70
済州牧〔チェジュモク〕　36, 57-58, 64-65, 91
三別抄〔サムビョルチョ〕20-30, 32-33, 36-37, 39, 42-52, 55-57, 66, 92-93
所場〔ソジャン〕　93, 109-111
壬辰倭乱〔イムジンウェラン〕　106-107
星主〔ソンジュ〕　17-18, 64, 100, 104-105
ダルガチ　74
耽羅国招討司〔タムナグクチョトサ〕　55
耽羅総管府〔タムナチョングァンブ〕　55
チャッソン　109-112
肘壺〔トルッチョグィ〕　40
ファンソ〔堂神名〕　52-53
文永の役　57
文禄の役　106
牧胡〔モッコ〕　58, 62-63, 76, 86-96, 99, 101, 105
弥陀三尊像　79, 81
モンゴル馬　56, 58, 70, 74
モンゴルの痕跡を残す済州語　103-104
遼東征伐　89, 100-101
烈女鄭氏〔ヨルニョチョンシ〕之碑　76-77
倭寇　34, 97

【人名索引】

王温〔ワンオン〕→承化侯温
王建〔ワンゴン〕→太祖
観音保　89-90
奇〔キ〕皇后　82-83, 86
奇轍〔キチョル〕　86
恭愍王〔コンミンワン〕　62, 85-88, 99-101
金須〔キムス〕　23, 51-52,
金通精〔キムトンジョン〕　24-25, 28-

【監訳者略歴】

井上　治（いのうえ　おさむ）

1963年生まれ。東京都出身。

早稲田大学大学院文学研究科博士後期課程退学。博士（文学）（早大）。

島根県立大学北東アジア地域研究センター研究員、同大大学院北東アジア開発研究科・総合政策学部教授。

主な業績に、『ホトクタイ・セチェン・ホンタイジの研究』（風間書房、2002年）、「モンゴルにおける史書の受容と継承について――『白い歴史』と『蒙古源流』を事例に」（早稲田大学モンゴル研究所編『モンゴル史研究――現状と展望』、明石書店、2011年）、“Old Maps Showing Erdene Zuu Monastery from the Private Archive of Prof. W. Kotwicz.”, in: *In The Heart of Mongolia. 100th Anniversary of W. Kotwicz's Expedition to Mongolia in 1912*. Cracow, 2012.

【翻訳者略歴】

石田　徹（いしだ　とおる）

1973年生まれ。新潟県出身。

早稲田大学大学院政治学研究科博士後期課程満期退学。博士（政治学）（早大）。

島根県立大学北東アジア地域研究センター研究員、同大学総合政策学部講師。

主な業績に『近代移行期の日朝関係』（溪水社、2013年）、飯田泰三・李暁東編『転形期における中国と日本』（共著、国際書院、2012年）。

木下　順子（きのした　じゅんこ）
会社勤務のかたわら韓国語の通訳・翻訳を手がける。

【著者略歴】

金日宇（キム・イルウ）
1984年高麗大学校史学科卒業、1989年高麗大学校大学院史学科碩士〔修士〕課程修了、1997年高麗大学校大学院史学科博士課程修了、文学博士。
1991年より高麗大学校、済州大学校などで非常勤講師（至現在）、2001年から2012年に財団法人済州文化芸術財団研究員、2014年7月より社団法人済州歴史文化ナヌム研究所所長・理事長。
主な業績に、『高麗時代耽羅史研究』新書苑、2000年（大韓民国文化観光部選定「2001年度優秀学術図書」）、『高麗初期国家의 地方支配体系研究』一志社、1998年を初め、共著・共訳書に『고려시대사의 길잡이（高麗時代史の道しるべ）』一志社、2007年（大韓民国文化体育観光部選定「2008年度優秀学術図書」）、『訳注増補耽羅志』済州文化院、2005年、『訳注済州記文集』済州文化院、2007年など。研究論文も多数。

文素然（ムン・ソヨン）
1983年済州専門大学行政科卒業。1984年より月刊誌（『月刊観光済州』・『月刊スポーツ済州』）記者・編集長などを経て、放送構成作家・フリーランサー。2013年より「ストーリーデザイン・ズーム」代表も兼ねる。
主な作品に、ドキュメンタリー番組として、済州KBS…「4・3特集：4・3平和公園」（2001年）、済州MBC…「느림의 미학 제주올레（ゆるさの美学・済州オルレ）」全12回（2010年）、JIBS…「耽羅開闢神話」全2回（2009年）、KCTV…「世界自然遺産済州火山島」全3回（2007～2009年）など。著作として『済州歴史紀行　済州、モンゴルに出会う』済州文化芸術財団、2010年など。近著に『4・3으로 떠난 땅, 4・3으로 되밟다（4・3で離れた地、4・3で再び踏みしめる）』図書出版각（カク）2013年。

韓国・済州島と遊牧騎馬文化
——モンゴルを抱く済州

2015年1月25日　初　版第1刷発行
著　者　金　日　宇
文　素　然
監訳者　井　上　治
訳　者　石　田　徹
木　下　順　子
発行者　石　井　昭　男
発行所　株式会社 明石書店
〒101–0021 東京都千代田区外神田 6-9-5
電話 03（5818）1171
FAX 03（5818）1174
振替　00100-7-24505
http://www.akashi.co.jp/
組版／装丁　明石書店デザイン室
印刷　日経印刷株式会社
製本　日経印刷株式会社

（定価はカバーに表示してあります）　ISBN978-4-7503-4129-3

エリア・スタディーズ

1 現代アメリカ社会を知るための60章
明石紀雄、川島浩平編著 ◎2000円

2 イタリアを知るための62章【第2版】
村上義和編著 ◎2000円

3 イギリスを旅する35章
辻野 功編著 ◎1800円

4 モンゴルを知るための65章【第2版】
金岡秀郎 ◎2000円

5 パリ・フランスを知るための44章
梅本洋一、大里俊晴、木下長宏編著 ◎2000円

6 現代韓国を知るための60章【第2版】
石坂浩一、福島みのり編著 ◎2000円

7 オーストラリアを知るための58章【第3版】
越智道雄 ◎2000円

8 現代中国を知るための40章【第4版】
高井潔司、藤野 彰、曽根康雄編著 ◎2000円

9 ネパールを知るための60章
日本ネパール協会編 ◎2000円

10 アメリカの歴史を知るための62章【第2版】
富田虎男、鵜月裕典、佐藤 円編著 ◎2000円

11 現代フィリピンを知るための61章【第2版】
大野拓司、寺田勇文編著 ◎2000円

12 ポルトガルを知るための55章【第2版】
村上義和、池 俊介編著 ◎2000円

13 北欧を知るための43章
武田龍夫 ◎2000円

14 ブラジルを知るための56章【第2版】
アンジェロ・イシ ◎2000円

15 ドイツを知るための60章
早川東三、工藤幹巳編著 ◎2000円

16 ポーランドを知るための60章
渡辺克義編著 ◎2000円

17 シンガポールを知るための65章【第3版】
田村慶子編著 ◎2000円

18 現代ドイツを知るための62章【第2版】
浜本隆志、髙橋 憲 ◎2000円

19 ウィーン・オーストリアを知るための57章【第2版】
広瀬佳一編著 ◎2000円

20 ハンガリーを知るための47章 ドナウの宝石
羽場久美子編著 ◎2000円

21 現代ロシアを知るための60章【第2版】
下斗米伸夫、島田 博編著　◎2000円

22 21世紀アメリカ社会を知るための67章
明石紀雄監修　◎2000円

23 スペインを知るための60章
野々山真輝帆　◎2000円

24 キューバを知るための52章
後藤政子、樋口 聡編著　◎2000円

25 カナダを知るための60章
綾部恒雄、飯野正子編著　◎2000円

26 中央アジアを知るための60章【第2版】
宇山智彦編著　◎2000円

27 チェコとスロヴァキアを知るための56章【第2版】
薩摩秀登編著　◎2000円

28 現代ドイツの社会・文化を知るための48章
田村光彰、村上和光、岩淵正明編著　◎1800円

29 インドを知るための50章
重松伸司、三田昌彦編　◎1800円

30 タイを知るための72章【第2版】
綾部真雄編著　◎2000円

31 パキスタンを知るための60章
広瀬崇子、山根 聡、小田尚也編著　◎2000円

32 バングラデシュを知るための60章【第2版】
大橋正明、村山真弓編著　◎2000円

33 イギリスを知るための65章【第2版】
近藤久雄、細川祐子、阿部美春　◎2000円

34 現代台湾を知るための60章【第2版】
亜洲奈みづほ　◎2000円

35 ペルーを知るための66章【第2版】
細谷広美編著　◎2000円

36 マラウィを知るための45章【第2版】
栗田和明　◎2000円

37 コスタリカを知るための55章
国本伊代編著　◎2000円

38 チベットを知るための50章
石濱裕美子編著　◎2000円

39 現代ベトナムを知るための60章【第2版】
今井昭夫、岩井美佐紀編著　◎2000円

40 インドネシアを知るための50章
村井吉敬、佐伯奈津子編著　◎2000円

〈価格は本体価格です〉

エリア・スタディーズ

41 エルサルバドル、ホンジュラス、ニカラグアを知るための45章
田中 高編著 ◎2000円

42 パナマを知るための55章
国本伊代、小林志郎、小澤卓也 ◎2000円

43 イランを知るための65章
岡田恵美子、北原圭一、鈴木珠里編著 ◎2000円

44 アイルランドを知るための70章【第2版】
海老島 均、山下理恵子編著 ◎2000円

45 メキシコを知るための60章
吉田栄人編著 ◎2000円

46 中国の暮らしと文化を知るための40章
東洋文化研究会編 ◎2000円

47 現代ブータンを知るための60章
平山修一編著 ◎2000円

48 バルカンを知るための65章
柴 宜弘編著 ◎2000円

49 現代イタリアを知るための44章
村上義和編著 ◎2000円

50 アルゼンチンを知るための54章
アルベルト松本 ◎2000円

51 ミクロネシアを知るための58章
印東道子編著 ◎2000円

52 アメリカのヒスパニック＝ラティーノ社会を知るための55章
大泉光一、牛島 万編著 ◎2000円

53 北朝鮮を知るための51章
石坂浩一編著 ◎2000円

54 ボリビアを知るための73章【第2版】
真鍋周三編著 ◎2000円

55 コーカサスを知るための60章
北川誠一、前田弘毅、廣瀬陽子、吉村貴之編著 ◎2000円

56 カンボジアを知るための62章【第2版】
上田広美、岡田知子編著 ◎2000円

57 エクアドルを知るための60章【第2版】
新木秀和編著 ◎2000円

58 タンザニアを知るための60章
栗田和明、根本利通編著 ◎2000円

59 リビアを知るための60章
塩尻和子 ◎2000円

60 東ティモールを知るための50章
山田 満編著 ◎2000円

61 グアテマラを知るための65章
桜井三枝子編著 ◎2000円

62 オランダを知るための60章
長坂寿久 ◎2000円

63 モロッコを知るための65章
私市正年、佐藤健太郎編著 ◎2000円

64 サウジアラビアを知るための65章
中村 覚編著 ◎2000円

65 韓国の歴史を知るための66章
金 両基編著 ◎2000円

66 ルーマニアを知るための60章
六鹿茂夫編著 ◎2000円

67 現代インドを知るための60章
広瀬崇子、近藤正規、井上恭子、南埜猛編著 ◎2000円

68 エチオピアを知るための50章
岡倉登志編著 ◎2000円

69 フィンランドを知るための44章
百瀬 宏、石野裕子編著 ◎2000円

70 ニュージーランドを知るための63章
青柳まちこ編著 ◎2000円

71 ベルギーを知るための52章
小川秀樹編著 ◎2000円

72 ケベックを知るための54章
小畑精和、竹中 豊編著 ◎2000円

73 アルジェリアを知るための62章
私市正年編著 ◎2000円

74 アルメニアを知るための65章
中島偉晴、メラニア・バグダサリヤン編著 ◎2000円

75 スウェーデンを知るための60章
村井誠人編著 ◎2000円

76 デンマークを知るための68章
村井誠人編著 ◎2000円

77 最新ドイツ事情を知るための50章
浜本隆志、柳原初樹 ◎2000円

78 セネガルとカーボベルデを知るための60章
小川 了編著 ◎2000円

79 南アフリカを知るための60章
峯 陽一編著 ◎2000円

80 エルサルバドルを知るための55章
細野昭雄、田中 高編著 ◎2000円

〈価格は本体価格です〉

エリア・スタディーズ

81 チュニジアを知るための60章
鷹木恵子編著 ◎2000円

82 南太平洋を知るための58章 メラネシア ポリネシア
吉岡政德、石森大知編著 ◎2000円

83 現代カナダを知るための57章
飯野正子、竹中 豊編著 ◎2000円

84 現代フランス社会を知るための62章
三浦信孝、西山教行編著 ◎2000円

85 ラオスを知るための60章
菊池陽子、鈴木玲子、阿部健一編著 ◎2000円

86 パラグアイを知るための50章
田島久歳、武田和久編著 ◎2000円

87 中国の歴史を知るための60章
並木頼壽、杉山文彦編著 ◎2000円

88 スペインのガリシアを知るための50章
坂東省次、桑原真夫、浅香武和編著 ◎2000円

89 アラブ首長国連邦(UAE)を知るための60章
細井 長編著 ◎2000円

90 コロンビアを知るための60章
二村久則編著 ◎2000円

91 現代メキシコを知るための60章
国本伊代編著 ◎2000円

92 ガーナを知るための47章
高根 務、山田肖子編著 ◎2000円

93 ウガンダを知るための53章
吉田昌夫、白石壮一郎編著 ◎2000円

94 ケルトを旅する52章 イギリス・アイルランド
永田喜文 ◎2000円

95 トルコを知るための53章
大村幸弘、永田雄三、内藤正典編著 ◎2000円

96 イタリアを旅する24章
内田俊秀編著 ◎2000円

97 大統領選からアメリカを知るための57章
越智道雄 ◎2000円

98 現代バスクを知るための50章
萩尾 生、吉田浩美編著 ◎2000円

99 ボツワナを知るための52章
池谷和信編著 ◎2000円

100 ロンドンを旅する60章
川成 洋、石原孝哉編著 ◎2000円

101 ケニアを知るための55章
松田素二、津田みわ編著 ◎2000円

102 ニューヨークからアメリカを知るための76章
越智道雄 ◎2000円

103 カリフォルニアからアメリカを知るための54章
越智道雄 ◎2000円

104 イスラエルを知るための60章
立山良司編著 ◎2000円

105 グアム・サイパン・マリアナ諸島を知るための54章
中山京子編著 ◎2000円

106 中国のムスリムを知るための60章
中国ムスリム研究会編 ◎2000円

107 現代エジプトを知るための60章
鈴木恵美編著 ◎2000円

108 カーストから現代インドを知るための30章
金基淑編著 ◎2000円

109 カナダを旅する37章
飯野正子、竹中 豊編著 ◎2000円

110 アンダルシアを知るための53章
立石博高、塩見千加子編著 ◎2000円

111 エストニアを知るための59章
小森宏美編著 ◎2000円

112 韓国の暮らしと文化を知るための70章
舘野 晳編著 ◎2000円

113 現代インドネシアを知るための60章
村井吉敬、佐伯奈津子、間瀬朋子編著 ◎2000円

114 ハワイを知るための60章
山本真鳥、山田 亨編著 ◎2000円

115 現代イラクを知るための60章
酒井啓子、吉岡明子、山尾 大編著 ◎2000円

116 現代スペインを知るための60章
坂東省次編著 ◎2000円

117 スリランカを知るための58章
杉本良男、高桑史子、鈴木晋介編著 ◎2000円

118 マダガスカルを知るための62章
飯田 卓、深澤秀夫、森山 工編著 ◎2000円

119 新時代アメリカ社会を知るための60章
明石紀雄監修 落合明子、赤尾千波、大類久恵編著 ◎2000円

120 現代アラブを知るための56章
松本 弘編著 ◎2000円

〈価格は本体価格です〉

エリア・スタディーズ

121 クロアチアを知るための60章
柴 宜弘、石田信一 編著 ◎2000円

122 ドミニカ共和国を知るための60章
国本伊代編著 ◎2000円

123 シリア・レバノンを知るための64章
黒木英充編著 ◎2000円

124 EU（欧州連合）を知るための63章
羽場久美子編著 ◎2000円

125 ミャンマーを知るための60章
田村克己、松田正彦編著 ◎2000円

126 カタルーニャを知るための50章
立石博高、奥野良知編著 ◎2000円

127 ホンジュラスを知るための60章
桜井三枝子、中原篤史編著 ◎2000円

128 スイスを知るための60章
スイス文学研究会編 ◎2000円

129 東南アジアを知るための50章
今井昭夫編集代表 東京外国語大学東南アジア課程編 ◎2000円

130 メソアメリカを知るための58章
井上幸孝編著 ◎2000円

131 マドリードとカスティーリャを知るための60章
川成 洋、下山静香編著 ◎2000円

132 ノルウェーを知るための60章
大島美穂、岡本健志編著 ◎2000円

133 現代モンゴルを知るための50章
小長谷有紀、前川 愛編著 ◎2000円

——以下続刊

韓国歴史漫歩
神谷丹路 ◉2200円

海を越える済州島の海女 海の資源をめぐる女のたたかい
李 善愛 ◉6000円

20世紀の滞日済州島人 その生活過程と意識
高 鮮徽 ◉9000円

都市的世界／コミュニティ／エスニシティ ポストメトロポリス期の都市エスノグラフィ集成
渡戸一郎、広田康生、田嶋淳子編著 ◉4500円

〈価格は本体価格です〉

モンゴル史研究 現状と展望

吉田順一監修 早稲田大学モンゴル研究所編 ◉8000円

満洲国と内モンゴル 満蒙政策から興安省統治へ

鈴木仁麗 ◉7000円

社会主義的近代化の経験 幸せの実現と疎外

小長谷有紀、後藤正憲編著 ◉6000円

現代モンゴル 迷走するグローバリゼーション

明石ライブラリー[112] モリス・ロッサビ著 小長谷有紀監訳 小林志歩訳 ◉3300円

モンゴル現代史

Ts・バトバヤル著 芦村京、田中克彦訳 ◉1800円

モンゴル文学への誘い 【オンデマンド版】

芝山豊、岡田和行編 ◉3200円

ディアスポラから世界を読む 離散を架橋するために

臼杵陽監修 赤尾光春、早尾貴紀編著 ◉3800円

開発と先住民

みんぱく 実践人類学シリーズ[7] 岸上伸啓編著 ◉6400円

在日コリアン辞典

国際高麗学会日本支部「在日コリアン辞典」編纂委員会 著

朴一 編纂委員会代表 ■四六判/456頁 ◎3800円

日本に最も近い国の人びとが、なぜ、どのように海峡を越え、日本でどのような暮らし、文化、歴史を紡いできたか。アリラン、パチンコ、法的地位、教育、芸能、スポーツ、学者、商工人など、多様な分野にわたる850項目。100人をこえる執筆陣による初の辞典。

100名を超える執筆陣による、歴史から経済・社会・文化などジャンルを超えた850項目!

アリラン/慰安婦問題/猪飼野/ウトロ裁判/永住権/大山倍達/オモニハッキョ/外国人教員採用問題/外国人登録証明書/過去の清算/「韓国併合」条約/帰国運動/金日成/キムチ/金大中事件/強制連行と在日コリアン/協和会/金嬉老事件/嫌韓流/皇民化政策/国籍条項/コリアタウン/在特会/在日韓国人政治犯/在日コリアンの職業/サッカー・ワールドカップ日韓共催/サムルノリ/参政権獲得運動/指紋押捺拒否運動/吹田事件/創氏改名/宋神道/孫正義/第三国人/立原正秋/玉の海/済州島四・三事件/チマ・チョゴリ引き裂き事件/チャンゴ(杖鼓)/朝銀/朝鮮人被爆者/族譜/『月はどっちに出ている』/テコンドー/当然の法理/日朝平壌宣言/日本人拉致問題/入居差別/旗田巍/『パッチギ!』/張本勲/阪神教育闘争/日立就職差別裁判/ふれあい館/ホルモン論争/本貫/松田優作/マルセ太郎/万景峰号/民族学校/村山談話/モランボン/尹東柱/よど号ハイジャック事件/李進熙/ワンコリア・フェスティバル/ほか

〈価格は本体価格です〉